Cahier n° 11

Mes recettes berrichonnes

Mes remerciements à Michel Dessessert
qui est à l'origine de ma mise à contribution,
à mon mari, Michel Joulin, pour son assistance technique
et aux personnes qui m'ont aidée dans mes recherches.

17, avenue Théophile-Gautier, 75016 Paris
EAN : 978-2-8625-3354-4

Françoise Joulin

Cahier n° 11

Mes recettes berrichonnes

Note de l'éditeur

Quel art, quelle patience, quel amour mettaient nos grands-mères et grands-tantes à consigner des recettes destinées à régaler leur nombreuse famille, leurs amis et voisins.

C'est après avoir découvert dans les archives familiales des cahiers calligraphiés avec tant de soin que m'est venue l'idée de cette collection.

Bien sûr, les cahiers d'où sont extraites la plupart de ces recettes comportent souvent des explications fantaisistes, cela ajoute d'ailleurs à leur charme : on y met les pâtes à lever sous l'édredon, les fruits à macérer au frais à la cave ; les proportions y sont évaluées en bols, en poignées, en cuillères à thé...

Pour faciliter la réalisation de vos repas régionaux, nous avons préféré faire cohabiter harmonieusement XIXe et XXIe siècles et avons modernisé quelques indications.

Les recettes proposées ici sont calculées, sauf exception, pour six à huit personnes.
Pour ceux qui voudraient utiliser un autre appareil de cuisson que le bon vieux fourneau des familles :
four doux = th. 3-4 ; four moyen = th. 6 ; four chaud = th. 8

Introduction

C'est toujours avec un brin de nostalgie que je me plonge dans les cahiers de recettes de grand'mère. Et, chaque fois, les images affluent.

Je revois la cuisinière au bois sur laquelle mijotaient les plats pendant de longues heures. Je sens l'odeur du café au lait qui embaumait la pièce tous les matins. Je savoure la compote que grand'mère m'apportait lorsque j'étais malade et qu'elle avait préparée, avec amour, avec les pommes du jardin.

En relisant les recettes, je me rends compte que nos anciens savaient faire des économies. Pas de gaspillage inutile. Qu'on est loin de notre société de consommation !

Tout était utilisé intelligemment, du jus de cuisson des légumes, qui servait de base à une soupe nourrissante, aux restes qui, accommodés chaque fois d'une nouvelle manière, permettaient de réaliser des menus variés.

La cuisine du temps de ma grand'mère a la saveur des produits du terroir, elle exprime la patience, le plaisir, la convivialité.

Je souhaite que longtemps encore mes petits-enfants, en ouvrant la porte de la maison, puissent dire aussi : « Hum, ça sent bon ».

Entrées

Soupe aux légumes

- 1 kg de pommes de terre
- 2 poireaux
- 4 carottes
- 1 navet ou 1 morceau de chou rave
- 1 branche de céleri
- 1,5 l d'eau
- 1 dl de crème
- sel

Éplucher les différents légumes. Les laver, les couper grossièrement. Les faire cuire pendant une heure environ. Saler. Écraser la soupe au moulin à légumes. Ajouter la crème avant de servir.

Variante : pour une soupe en julienne, tous les légumes seront détaillés en petits dés. La soupe est servie sans être écrasée.

Soupe poireaux-pommes de terre

- 1,5 l d'eau salée
- 5 ou 6 pommes de terre
- le blanc de 3 poireaux
- 50 g de beurre
- quelques croûtons

Laver et couper en fines rondelles les blancs de poireaux. Dans une casserole, les faire blondir dans 30 g de beurre. Ajouter l'eau salée puis les pommes de terre épluchées, lavées et coupées en dés.
Après une heure de cuisson, écraser et servir la soupe sur des croûtons frits avec 20 g de beurre.

Soupe de bouillon de pot au feu

- 1,5 l de bouillon
- 3 poignées de vermicelle

Dégraisser le bouillon lorsqu'il est froid, puis remettre à bouillir. Verser alors le vermicelle en pluie et laisser cuire 15 minutes en remuant de temps en temps. Servir bien chaud. Autrefois, les anciens aimaient verser un peu de vin rouge dans leur assiettée de soupe de bouillon de pot au feu : cela s'appelle faire chabrot.

Variante : le bouillon chaud peut être versé directement sur une biscotte placée au fond de l'assiette.

Soupe à la purée

- 1 l d'eau salée
- 250 g de pommes de terre
- 1 oignon
- 1/2 l de lait

Mettre dans une casserole les pommes de terre épluchées et lavées ainsi que l'oignon et l'eau salée.
Lorsque les légumes sont cuits, les passer au moulin à légumes.
Ajouter le lait chaud et laisser mijoter quelques minutes avant de servir.

Soupe bouillie au jus de pommes de terre

- 1 l de jus de cuisson de pommes de terre
- 1/2 l de lait
- 100 g de pain rassis

Récupérer l'eau de cuisson des pommes de terre qui ont servi à une autre préparation. La verser dans une casserole sur le pain coupé en fines tranches. Ajouter le lait chaud. Laisser mijoter pendant un bon quart d'heure avant de servir.

Soupe à la citrouille

- 1 kg de citrouille
- 1 l de lait
- sel
- sucre

Faire cuire la citrouille épluchée et coupée en morceaux dans un peu d'eau salée pendant 30 minutes. Égoutter et écraser la pulpe. Verser sur cette purée le lait chaud. Sucrer selon votre goût.

Variantes : Si la soupe est trop liquide, verser en pluie 1 ou 2 cuillères de tapioca en remuant. Laisser reposer quelques minutes dans le liquide bien chaud. Il est possible aussi de verser la soupe bien liquide sur des tranches de pain rassis. Laisser gonfler avant de servir.

Soupe panade

- 125 g de croûtes de pain rassis
- 1,5 l d'eau salée
- 2 jaunes d'œuf
- 1 verre de lait
- 50 g de beurre

Mettre le pain en fines tranches dans une casserole. Verser l'eau. Faire bouillir en remuant. Couvrir. Laisser cuire à feu très doux pendant 30 minutes. Au moment de servir, remuer la soupe. Hors du feu ajouter les jaunes d'œuf délayés dans le lait, et le beurre.

Variante : le pain peut être remplacé par des biscottes. Ajouter alors une grosse noisette de beurre en fin de cuisson.

Soupe à l'oignon

- 2 ou 3 beaux oignons
- 50 g de beurre
- 1 l d'eau
- 1/2 bouteille de vin blanc sec
- 1 cuil. à soupe de farine
- gruyère râpé
- croûtons

Faire revenir les oignons émincés dans 30 g de beurre. Saupoudrer de farine. Tourner l'ensemble jusqu'à ce que la farine devienne blonde. Ajouter le vin blanc, puis l'eau. Laisser cuire pendant un petit quart d'heure en remuant de temps en temps. Servir avec des croûtons grillés dans 20 g de beurre et parsemer de gruyère râpé.

Soupe à l'oseille

- 1, 5 l d'eau
- 1 bonne poignée d'oseille
- 60 g de beurre
- 1 grosse cuil. à soupe de farine
- 2 œufs
- 12,5 cl de lait
- sel

Faire fondre l'oseille hachée, à feu doux, dans une casserole avec le beurre. Cuire, toujours à feu doux, pendant 20 minutes. Saupoudrer de farine. Laisser légèrement blondir. Mouiller avec l'eau chaude. Saler.

Couvrir et laisser bouillotter pendant 15 minutes.

Battre les œufs et le lait. Ajouter à la soupe.

Servir sur des tranches de pain grillé.

Soupe à la tomate

- 1,5 l d'eau salée
- 6 belles tomates
- 2 oignons
- 4 pommes de terre
- 1 bouquet garni
- 50 g de beurre

Couper l'oignon en rondelles. Le faire blondir dans 20 g de beurre. Ajouter les tomates préalablement épluchées et épépinées ainsi que le bouquet garni. Verser l'eau chaude salée.

Couvrir et laisser bouillotter pendant 30 minutes.

Passer au moulin à légumes. Ajouter le reste du beurre et servir.

Vermicelle au lait

- 1 l de lait
- 4 grosses cuil. à soupe de vermicelle
- sel

Faire bouillir le lait. Jeter en pluie le vermicelle dans le lait tout en tournant jusqu'à ébullition. Laisser cuire à feu modéré pendant 30 minutes, en tournant de temps en temps. Saler. Couvrir et laisser reposer 5 minutes avant de servir.

Potage au jus de haricots verts

- 1 l de jus de cuisson de haricots verts
- 1/2 l de lait
- 4 cuil. à soupe de tapioca
- sel

Prendre le jus de cuisson des haricots verts. Le porter à ébullition. Verser en pluie le tapioca tout en tournant. Laisser cuire à feu doux pendant 3 minutes en tournant très souvent. Couvrir. Laisser reposer 5 minutes. Ajouter le lait tiède et du sel si nécessaire.

Soupe aux choux

- 3 l d'eau
- 500 g de lard maigre
- 500 g d'épaule de porc
- 3 carottes
- 2 poireaux
- 1 oignon piqué de 2 clous de girofle
- 1 bouquet garni
- 1 petit chou frisé
- 4 belles pommes de terre
- sel, poivre

Mettre dans une marmite l'eau et la viande. Saler et poivrer. Laisser bouillir. Ecumer.
Ajouter carottes, poireaux, oignon et bouquet garni. Laisser cuire 2 heures.
Ajouter le chou coupé en quatre et les pommes de terre. Laisser bouillotter encore 2 heures à feu doux.
Verser le bouillon dans une soupière sur des tranches de pain grillé. Dans un plat à part, présenter les légumes et la viande coupée en tranches.

Trempé au vin chaud

- 125 g de pain rassis
- 1 bouteille de vin rouge de Châteaumeillant
- 75 cl d'eau
- sucre

Couper le pain en fines tranches. Le placer dans une casserole. Verser le vin et laisser imbiber. Ajouter l'eau et porter à ébullition. Laisser bouillir pour éliminer l'alcool. Sucrer selon votre goût.
Laisser mitonner à feu doux pendant 15 minutes.
Remuer avant de servir.

Soupe à la queue de bœuf

- 1 queue de bœuf (1,5 kg)
- 0,5 kg de gîte
- 2 carottes
- 1 navet
- 2 beaux poireaux
- 1 gros oignon piqué d'un clou de girofle
- 1 branche de céleri
- 1 bouquet garni
- 2,5 l d'eau
- sel

Couper la queue de bœuf en tronçons. La mettre dans l'eau avec le gîte, sans couvrir. Faire bouillir doucement. Écumer en ajoutant 2 ou 3 fois 1 verre d'eau froide. Ajouter les légumes coupés en gros morceaux, les poireaux ficelés avec le bouquet garni, le céleri et l'oignon. L'ébullition reprise, couvrir et faire bouillotter doucement pendant au moins 3 heures. Dégraisser le bouillon. Pour servir, mettre les tronçons de queue dans la soupière avec les légumes coupés en petits morceaux. Verser dessus le bouillon bien dégraissé.

Trempé au vin froid

- 25 g de pain
- 1 verre de vin rouge
- 2 verres d'eau
- sucre

Dans un bol verser l'eau fraîche et le vin. Sucrer selon votre goût. Casser le pain dans le bol. Laisser gonfler quelques instants. Déguster.

C'est très apprécié au milieu de l'après midi des journées chaudes des moissons.

Langue de veau vinaigrette

- 1 langue de veau
- 3 carottes
- 1 oignon piqué de 3 clous de girofle
- 2 poireaux
- 4 pommes de terre
- sel, poivre
- sauce vinaigrette ou sauce tomate ou mayonnaise

Pour la sauce vinaigrette :

- 1 cuil. à soupe de moutarde
- 1 cuil. à café de sel
- 5 cuil. à soupe de vinaigre de vin ou d'alcool
- 15 cuil. d'huile de noix

Pour la sauce tomate :

- 8 tomates
- 1 bouquet garni
- 40 g de beurre
- 1 cuil. à café de fécule
- sel, poivre

Pour la sauce mayonnaise :

- 1 cuil. à soupe de moutarde
- 2 œufs
- 1/2 l d'huile
- 1 filet de vinaigre
- sel

Faire tremper la langue dans de l'eau froide vinaigrée pour la faire blanchir. Changer l'eau.
Mettre la viande dans une marmite. Couvrir d'eau froide. Saler. Poivrer. Laisser bouillotter doucement pendant 1 heure. Retirer la viande. Jeter le premier jus de cuisson. Egoutter.
Lever la grosse peau à une extrémité. La tirer pour la détacher complètement.
Dans la marmite, faire bouillir de l'eau salée. Ajouter les légumes coupés en bâtons d'une dizaine de centimètres, la langue épluchée. Remonter à l'ébullition et laisser bouillotter encore pendant 1 heure.
Lorsque la viande est bien cuite, la détailler en tranches coupées légèrement en biais. Disposer sur le plat de service avec les légumes d'accompagnement.
Servir avec une sauce vinaigrette, une sauce tomate ou une mayonnaise mousseuse, en saucière.
Pour préparer la vinaigrette, mélanger la moutarde, le sel et le vinaigre pour faire dissoudre le sel. Ajouter l'huile. Battre avec une fourchette pour émulsionner la sauce. Selon les goûts, on peut ajouter ail, échalote, persil, ciboulette.

Pour préparer la sauce tomate, couper les tomates en morceaux. Les mettre dans une casserole à feu doux, avec le bouquet garni. Bien laisser cuire les tomates en remuant souvent pour éviter qu'elles n'attachent à la casserole. Lorsqu'elles rendent leur eau, passer dans une passoire avec le pilon. La purée ainsi obtenue est mise dans une casserole avec le beurre manié et une cuillère à café de fécule, le sel et le poivre. Cuire pendant 20 minutes à feu doux.

Pour préparer la mayonnaise mousseuse, mélanger dans un petit saladier la moutarde, le sel et les 2 jaunes d'œuf. Laisser reposer 1 minute. Avec un fouet, tourner le mélange en ajoutant un filet d'huile pour l'incorporer et recommencer pour faire absorber toute l'huile. On doit obtenir une sauce ferme. À la fin, ajouter un filet de vinaigre. Incorporer délicatement les blancs d'œuf en neige à la préparation précédente.

Avec le bouillon, faire un potage au vermicelle en mettant 4 cuillères à soupe de vermicelle par litre de bouillon.

Variante : on peut préparer de la même manière de la langue de bœuf. Dans ce cas, la première cuisson ne durera pas moins de 2 heures.

Concombre à la crème

- 1 concombre
- 1 cuil. de vinaigre
- 3 cuil. de crème
- sel

Peler le concombre. Le fendre en deux dans le sens de la longueur. Enlever les graines. Couper en tranches fines. Saupoudrer de sel et laisser dégorger pendant 1 heure. Egoutter. Ajouter la vinaigrette sans sel, réalisée avec le vinaigre et la crème.

Le concombre peut être servi comme un cornichon, simplement dans du vinaigre d'alcool.

Haricots verts en salade

- 150 g de haricots verts par personne
- vinaigrette

Pour la vinaigrette :

- 1 cuillerée à café de moutarde
- 1 cuillerée à soupe de vinaigre de cidre
- 3 cuillerées à soupe d'huile de noix
- 1 échalote ciselée ou un oignon blanc
- sel, poivre

Casser les deux extrémités des haricots afin de détacher le fil le long de la gousse. Laver. Cuire dans une grande quantité d'eau salée pendant 20 minutes. Egoutter. Laisser refroidir puis assaisonner avec une vinaigrette à l'échalote assez relevée.

Variantes : de la même façon, on peut faire une salade de poireaux, de haricots blancs ou rouges, de lentilles, de choufleur...

Lumas en coquilles

- 4 douzaines d'escargots
- 2 poignées de gros sel
- 1 verre de vinaigre

Pour le court-bouillon :
- 1/2 l d'eau
- 1/2 l de vin blanc de Reuilly
- 1 carotte
- 1 oignon
- 1 gousse d'ail
- 1 échalote
- 1 bouquet garni

Pour le beurre d'escargot :
- 250 g de beurre
- 4 gousses d'ail
- 1 gros bouquet de persil
- sel, poivre

Bien laver les escargots à l'eau froide dans plusieurs eaux. Egoutter. Les mettre dans une terrine avec le sel et le vinaigre.

Laisser dégorger 2 heures en remuant de temps en temps. Laver encore dans 2 eaux. Cuire pendant une bonne heure dans une grande quantité d'eau bouillante. Egoutter.

Retirer les escargots des coquilles. Etriper. Réserver. Nettoyer les coquilles.

Mettre les escargots dans le court-bouillon préparé avec l'eau, le vin, les légumes et le bouquet garni. Laisser cuire à petite ébullition pendant une heure.

Pour le beurre d'escargot, pétrir le beurre avec l'ail et le persil finement hachés, le sel et le poivre.

Placer un peu de cette farce dans le fond de la coquille. Remettre l'escargot et boucher l'ouverture avec un bon morceau de beurre d'escargot.

Mettre les escargots dans un four bien chaud pendant une dizaine de minutes. Servir.

Bouchées à la reine

- 8 croûtes achetées chez le boulanger

Pour la garniture :
- 2 ris de veau
- 2 cervelle de veau
- 1 bouquet garni
- 4 verres de vinaigre d'alcool
- sel, poivre

Pour la sauce béchamel :
- 80 g de beurre
- 80 g de farine
- 1 boîte de champignons de Paris
- 1 l de lait
- sel, poivre

Mettre le ris de veau dans l'eau froide et vinaigrée. Le laisser tremper pendant 4 heures en changeant l'eau une ou deux fois. Lorsque le ris est bien blanchi, le mettre dans une casserole et le recouvrir d'eau froide. Amener doucement à ébullition. Le laisser bouillir à feu doux pendant 5 minutes. Rafraîchir à l'eau froide. Enlever les parties dures, les peaux et la graisse. Réserver.

Mettre la cervelle dans l'eau froide et vinaigrée. La laisser tremper 2 heures en changeant l'eau plusieurs fois. Enlever alors la pellicule qui la recouvre. La mettre dans une casserole. Recouvrir d'eau froide. Ajouter le bouquet garni, le sel, le poivre et le ris, et cuire pendant 30 minutes à faible ébullition.

En fin de cuisson, sortir de l'eau et conserver.

Pour préparer la béchamel, faire fondre le beurre. Ajouter la farine et faire un roux blanc. Incorporer le lait tiède préalablement mélangé au jus de la boîte de champignons quand le roux devient mousseux. Cuire à feu doux en tournant jusqu'à ce que la sauce épaississe. Saler et poivrer.

Mélanger le ris et la cervelle coupés en morceaux et les champignons. Au moment de servir, faire réchauffer au four les croûtes vides, pendant 3 à 4 minutes. Les remplir avec le mélange chaud et servir immédiatement.

Rissoles de grand'mée Renée

- 150 g de pâté de foie

Pour la pâte brisée :
- 250 g de farine
- 125 g de beurre
- 1/2 verre d'eau
- sel

Mettre la farine dans une terrine, le beurre coupé en petits morceaux et le sel. Malaxer. Faire un puits, y mettre l'eau. Mélanger à la spatule et pétrir le tout du bout des doigts rapidement et légèrement de façon à obtenir une pâte. Faire une boule. Laisser reposer la pâte au frais.

Lorsqu'elle est reposée, l'étendre sur 1/2 cm d'épaisseur. Avec un verre découper des rondelles. Sur chacune d'elles déposer une petite cuillère à café de pâté de foie. Humecter les bords de la pâte avec un peu d'eau ou de lait. Plier en deux en forme de demi-lune. Appuyer avec les doigts pour souder les bords.

Plonger dans un bain de friture bien chaud pendant 5 à 7 minutes. Egoutter.

Guernouilles à la vigneronne

- 12 cuisses de grenouilles
- 20 g de beurre
- 2 échalotes
- 1 verre de Sancerre blanc
- 2 cuil. à soupe de crème fraîche
- 50 g de raisins secs
- sel, poivre

Faire sauter les cuisses de grenouilles dans une poêle avec le beurre jusqu'à une belle coloration. Ajouter les échalotes ciselées et déglacer avec le verre de vin blanc. Laisser légèrement réduire puis ajouter la crème fraîche et les raisins secs. Assaisonner. Servir dans des assiettes creuses.

Croque-monsieur de grand-mère Aimée

- 12 biscottes ou tranches de pain de mie légèrement grillées
- 120 g de gruyère râpé
- 3 tranches de jambon blanc
- 15 g de beurre

Pour préparer la béchamel, faire fondre le beurre. Ajouter la farine et faire un roux blanc. Incorporer le lait tiède préalablement mélangé au jus de la boîte de champignons quand le roux devient mousseux.

Cuire à feu doux en tournant jusqu'à ce que la sauce épaississe. Saler et poivrer.

Préparer ensuite les croque-monsieur. Beurrer un plat allant au four.

Disposer côte à côte 6 biscottes et, sur chaque biscotte, un

Pour la sauce béchamel :
- 40 g de beurre
- 40 g de farine
- 1 petite boîte de champignons de Paris
- 1/2 l de lait
- sel, poivre

peu de gruyère râpé, une couche de béchamel, 1/2 tranche de jambon, une seconde couche de béchamel et enfin une autre biscotte. Recouvrir avec le reste de béchamel et saupoudrer avec le reste de gruyère. Enfourner et laisser au four jusqu'au moment où la surface devient dorée.

Tomates farcies à la mode de Veaugues

- 4 tomates
- 1 boîte de thon à l'huile
- 2 œufs durs
- persil
- estragon
- cerfeuil

Pour la mayonnaise :
- 1 cuil. à café de moutarde
- 1 jaune d'œuf
- 0,25 l d'huile
- 1 filet de vinaigre
- 1 pincée de sel

Laver les tomates. Enlever un rond sur le dessus afin de pouvoir les vider. Préparer une mayonnaise. Dans un petit saladier mélanger la moutarde, le sel et le jaune d'œuf. Laisser reposer 1 minute. Avec un fouet, tourner le mélange en ajoutant un filet d'huile pour l'incorporer et recommencer pour faire absorber toute l'huile.

On doit obtenir une sauce ferme. À la fin, ajouter un filet de vinaigre. Faire une farce avec le thon à l'huile, la mayonnaise, les œufs durs finement coupés, les herbes hachées. Assaisonner. Remplir les tomates.

Servir avec de la mayonnaise en saucière.

Cornets de jambon

- 6 tranches de jambon blanc
- reste de julienne de légumes

Pour la mayonnaise :

- 1 cuil. à café de moutarde
- 1 jaune d'œuf
- 0,25 l d'huile
- 1 filet de vinaigre
- 2 bonnes pincées de sel

Préparer une mayonnaise. Dans un petit saladier mélanger la moutarde, le sel et le jaune d'œuf. Laisser reposer 1 minute.
Avec un fouet, tourner le mélange en ajoutant un filet d'huile pour l'incorporer et recommencer pour faire absorber toute l'huile. On doit obtenir une sauce ferme.
A la fin, ajouter un filet de vinaigre.
Bien égoutter le reste de julienne de légumes. Mélanger avec 4 cuillères à soupe de mayonnaise.
Étaler le jambon. Mettre sur chaque tranche 2 cuillères à soupe du mélange puis la tourner en cornet. Décorer avec un brin de persil.
Présenter le reste de mayonnaise en saucière.

Si vous n'avez pas de reste de julienne de légumes, remplacer par de la macédoine en boîte qu'il faut bien égoutter après avoir rincé les légumes à l'eau froide.

Artichauts à la croque au sel

- 1 artichaut par personne
- gros sel de cuisine

Laver l'artichaut. Casser sa tige au ras du fond. Le couper en deux. Enlever le foin. Retirer les feuilles du bas. Le laver.

L'artichaut est prêt à être mangé. Retirer les feuilles une à une. Tremper la partie comestible dans le sel et la croquer.

Artichauts à la crème

- 1 artichaut par personne

Pour la vinaigrette :

- 2 pincées de sel
- 2 cuil. de vinaigre
- 6 cuil. de crème fraîche

Casser la tige de l'artichaut. Enlever les feuilles dures du dessous. Placer l'artichaut dans une casserole, le fond en bas. Couvrir aux 3/4 d'eau. Laisser bouillir 45 minutes. Retirer de l'eau. Égoutter et laisser refroidir.

L'artichaut est prêt à être consommé. Les feuilles sont arrachées une à une. La partie claire, comestible est trempée dans une vinaigrette.

Soufflé au fromage

- 50 g de farine
- 1/2 l de lait
- 3 œufs
- muscade
- 50 g de gruyère râpé
- 20 g de beurre
- sel, poivre

Délayer la farine dans un peu de lait froid et la verser dans le lait bouillant. Cuire sur feu doux. Remuer jusqu'à ébullition puis retirer du feu. Ajouter quelques copeaux de beurre, le fromage râpé, le sel, le poivre et un peu de muscade. Mettre les jaunes d'œuf battus dans la bouillie tiède. Battre les blancs en neige très ferme et les incorporer. Beurrer les moules à soufflé. Remplir de préparation aux 3/4. Cuire à four modéré pendant 20 à 25 minutes. Déguster le soufflé dès la sortie du four.

Asperges à la mayonnaise

- 8 à 10 asperges par personnes

Pour la mayonnaise mousseline :

- 1 cuil. à soupe de moutarde
- 2 œufs
- 1/2 l d'huile
- 1 filet de vinaigre
- sel

Couper le bout terreux des asperges. Peler leur partie blanche. Les laver à l'eau froide. Les ficeler en petites bottes. Les plonger dans l'eau bouillante salée. Les laisser cuire 20 minutes à reprise de l'ébullition. Les égoutter. Les présenter encore tièdes sur un plat long garni d'une serviette. Pour réaliser la sauce mayonnaise, dans un petit saladier mélanger la moutarde, le sel et les 2 jaunes d'œuf. Laisser reposer 1 minute. Avec un fouet, tourner le mélange en ajoutant un filet d'huile pour l'incorporer et recommencer pour faire absorber toute l'huile. On doit obtenir une sauce ferme. À la fin, ajouter un filet de vinaigre. Battre les blancs d'œuf en neige et les incorporer délicatement à la préparation précédente.

Salade de tête de veau

- 1/2 tête de veau désossée
- 1 bouquet garni
- 2 cuil. à soupe de farine
- 1 verre de vinaigre
- 1 bouquet de persil
- sel, poivre

Pour la sauce vinaigrette :
- 5 cuil. de vinaigre de vin
- 15 cuil. d'huile de noix
- 1 bouquet de persil
- 10 brins de ciboulette
- sel, poivre

Mettre le morceau de tête de veau pendant 2 heures, dans l'eau froide vinaigrée en changeant l'eau une ou deux fois. Lorsque la tête est blanche, la mettre à cuire dans l'eau bouillante pendant 1 heure puis la rafraîchir à l'eau froide. La couper en plusieurs parts.

Dans un récipient, mettre de l'eau, le bouquet garni, le sel, le poivre. Faire bouillir. Lorsque l'eau bout, placer les morceaux dedans. Saupoudrer entièrement la surface de l'eau de farine. Cuire doucement pendant 2 heures.

Présenter la tête sur un plat décoré de persil.

Servir avec une vinaigrette. Faire fondre le sel dans le vinaigre. Ajouter l'huile. Emulsionner. Ciseler le persil et la ciboulette et mélanger. La sauce doit être très chargée en verdure.

Salade du laboureux

- 2 pommes de terre par personne
- 2 oignons
- 2 ou 3 brins de persil
- 1 paquet de filets de harengs doux
- 1 verre d'huile

Pour la vinaigrette :
- 1 cuil. à café de moutarde
- 2 cuil. de vinaigre de vin
- 5 cuil. d'huile de noix
- 1 pincée de sel
- poivre

Prendre les filets de harengs doux et les allonger dans un plat. Recouvrir d'huile. Placer dessus l'oignon coupé en fines rondelles. Laisser reposer plusieurs heures. Mettre les pommes de terre dans une casserole, les couvrir d'eau froide salée. Couvrir. Cuire à feu modéré pendant 30 minutes. Peler et couper en rondelles de 2 mm d'épaisseur.

Assaisonner les pommes de terre de vinaigrette à l'huile de noix lorsqu'elles sont encore tièdes. Parsemer d'oignon et de persil finement coupés. Sortir les filets de l'huile. Présenter sur la salade de pommes de terre.

Salade composée

- mâche
- 1 petite betterave rouge

Pour la vinaigrette :
- sel, poivre
- 1 cuil. de vinaigre
- 3 cuil. d'huile

Bien nettoyer la mâche. Réserver.

Faire cuire une petite betterave rouge dans l'eau salée. Laisser bouillir au moins 2 heures. Éplucher la betterave quand elle est froide et la couper en petits dés. Mélanger avec les bouquets de mâche.

Assaisonner avec la vinaigrette.

Scarole et bœuf en salade

- 1 scarole
- reste de bœuf bouilli

Pour la vinaigrette :
- 1 cuil. à café de moutarde
- 1 cuil. de vinaigre
- 3 cuil. d'huile
- sel, poivre

Nettoyer la scarole et enlever les premières feuilles vertes et dures.
Couper le reste de bœuf bouilli en petits dés. Mélanger avec la salade.
Assaisonner avec une vinaigrette bien moutardée.

Salade de pissenlits à la mode de Pessiée

- pissenlits
- cerneaux de noix
- œufs durs
- lardons

Pour la vinaigrette :
- 1 cuil. à café de moutarde bien remplie
- 2 cuil. de vinaigre de vin
- 6 cuil. d'huile de noix
- 2 grosses pincées de sel
- poivre

Nettoyer minutieusement les pissenlits. Les mettre dans un saladier et les assaisonner avec la vinaigrette.
Ajouter les cerneaux de noix et les œufs durs coupés en gros morceaux. Les mélanger avec la salade.
Juste avant de servir, faire revenir des lardons à la poêle pendant quelques minutes et les verser chauds sur la salade.

Pourpier à la crème

- pourpier
- vinaigrette
- 1 cuil. à soupe de vinaigre de cidre
- 3 cuil. de crème fraîche
- 1 pincée de sel
- poivre du moulin

Trier et laver le pourpier. Egoutter.
Préparer la vinaigrette à la crème et assaisonner juste avant de servir.

Flan de courgettes et carottes au chèvre de Valençay

- 4 courgettes moyennes
- 4 carottes moyennes
- 4 œufs
- 4 cuillères à soupes de crème fraîche épaisse
- 100 g de gruyère râpé
- 1 chèvre de Valençay émietté
- un peu d'huile
- sel, poivre

Laver les courgettes, les couper en dés et les faire revenir dans l'huile pendant quelques minutes. Eplucher les carottes, les cuire pendant 5 minutes dans l'eau bouillante salée. Bien les égoutter. Les couper en dés et les faire revenir dans l'huile. Dans une terrine battre les œufs. Ajouter la crème et les fromages. Bien assaisonner. Incorporer les courgettes et les carottes. Mélanger.
Verser dans un moule à cake et cuire au four, au bain-marie pendant 45 minutes. Laisser refroidir avant de démouler puis de couper en tranches. Plus le flan est froid, plus il est facile de faire de belles tranches.

Salade de lépiotes

- lépiotes
- 1 morceau de lard
- persil, ciboulette, cerfeuil
- vinaigrette à l'huile de noix

Choisir de préférence de jeunes lépiotes dont le chapeau n'est pas encore étalé. Essuyer les chapeaux. Supprimer le pied. Émincer et mettre dans un saladier avec la vinaigrette à l'huile de noix.
Ajouter du lard râpé et des herbes fraîches du jardin.

Frisée au crottin de chèvre

- 1 salade frisée
- quelques cerneaux de noix
- 1 crottin de chèvre dur

Pour la vinaigrette :
- 1 cuil. à café de moutarde
- 2 cuil. de vinaigre de vin
- 6 cuil. d'huile de noix
- 1 pincée de sel
- poivre

Nettoyer la salade frisée. Laver. Égoutter au panier à salade.
Dans un saladier, mélanger la salade et les cerneaux de noix avec la vinaigrette à l'huile de noix.
Terminer en ajoutant des copeaux de crottin de chèvre dur.

Œufs à la coque

- œufs
- pain
- beurre
- pyramide de Valençay

Prendre des œufs frais. Plonger les dans une casserole d'eau bouillante. Laisser frémir 3 minutes. Sortir les œufs. Présenter dans un coquetier. Déguster avec des mouillettes de pain et une salade agrémentée de dés de pyramide de Valençay.

Œufs frits d'nos grand'mées

- huile
- 2 œufs par personne
- 1 filet de vinaigre
- sel, poivre

Faire chauffer l'huile qui recouvre le fond de la poêle sur plusieurs millimètres. Réduire le feu. Casser les œufs. Lorsque le blanc est bien pris, saler et poivrer, les retourner avec précaution.

Finir de cuire pendant 2 minutes. Retirer avec l'écumoire. Déguster avec un filet de vinaigre.

Œufs sur le plat

- 2 œufs par personne
- 1 noisette de beurre
- sel, poivre

Mettre une bonne noisette de beurre dans chaque petit plat. Passer au four. Lorsque le beurre est chaud, casser 2 œufs par plat. Saler légèrement le blanc. Mettre à four chaud pendant 4 minutes au plus. Poivrer. Déguster directement dans le plat.

Variantes : mettre dans une poêle chaude de fines tranches de poitrine de porc. Faire revenir dans un peu de beurre. Lorsque la viande est cuite, casser les œufs par-dessus. Saler. Laisser cuire jusqu'à ce que le blanc soit cuit. Déguster.

Œufs farcis

- 1 œuf par personne
- 1 grosse cuillère à café de mayonnaise par personne
- reste de poisson blanc
- un peu de persil

Couper les œufs durs froids en deux. Retirer le jaune. À la fourchette, écraser le jaune, le mélanger à la mayonnaise et au poisson blanc. Remplir les blancs avec ce mélange. Décorer avec un brin de persil.

Œufs à la façon de grand-mère Reine

- 6 œufs
- 6 oignons
- 80 g de beurre

Pour la sauce blanche :
- 40 g de beurre
- 40 g de farine
- 1/2 l d'eau
- 1 bouquet garni
- sel, poivre

Couper les oignons en fines lamelles. Mettre 80 g de beurre dans une grande poêle. Chauffer. Mettre les oignons. Cuire à feu doux jusqu'à ce que l'oignon soit bien doré et cuit. Étaler dans le plat de service.

Faire durcir les œufs 10 minutes dans l'eau bouillante. Les passer sous l'eau froide et les écaler. Couper les œufs en deux et les disposer dans le plat sur les oignons.

Pour préparer la sauce blanche, mettre 40 g de beurre dans une casserole. Ajouter la farine. Laisser sur le feu très doux en remuant jusqu'à ce que le mélange devienne mousseux. Mouiller avec l'eau qui aura chauffé avec le bouquet garni. Verser l'eau doucement en remuant. Saler. Poivrer. Cuire jusqu'à ce que la sauce soit bien épaisse.

Napper les œufs. Laisser refroidir. Ce plat se déguste tiède ou froid.

Œufs en couilles d'âne

- 2 œufs par personne
- 40 g de beurre
- 20 g de farine
- 2 gros oignons
- 200 g de lard
- 1 bouteille de vin rouge
- 1 bouquet garni
- sel, poivre

Dans une grande casserole ou sauteuse, faire revenir les oignons coupés en fines lamelles dans le beurre. Ajouter le lard coupé en dés. Saupoudrer de farine. Laisser roussir. Mouiller avec le vin rouge. Ajouter le bouquet garni. Cuire jusqu'à ébullition en tournant. Saler et poivrer. Casser alors les œufs un à un et les déposer dans la préparation.

Cuire quelques minutes jusqu'à ce que le blanc prenne, le jaune doit rester coulant. Servir.

Œufs brouillés

- 6 œufs
- 75 g de gruyère râpé
- 20 g de beurre
- sel, poivre
- persil haché

Mettre un morceau de beurre dans la poêle. Battre 6 œufs. Ajouter sel, poivre, persil haché et le gruyère. Verser sur le beurre chaud.

Cuire à feu vif en remuant toujours pendant 4 minutes.

Œufs en gelée

- 1/2 l de gelée
- 1/2 œuf par moule
- morceaux de légumes cuits
- rondelles de cornichons
- petits dés de jambon

Faire tiédir la gelée. Dans de petits moules individuels, verser une couche de gelée de 1 cm sur des petits morceaux de légumes déjà cuits : pointes d'asperges, petits morceaux de tomate ou de carotte , de haricot vert. Laisser prendre dans un endroit frais.

Lorsque la gelée est prise, placer dessus le 1/2 œuf et des petites rondelles de cornichon.

Verser une deuxième couche de gelée liquide qui doit recouvrir l'œuf. Laisser prendre.

Ajouter les dés de jambon blanc. Compléter avec le reste de la gelée. Mettre au frais.

Omelette à la ciboulette

- 2 grosses cuil. de ciboulette hachée
- 6 œufs
- 30 g de beurre
- sel, poivre

Casser les œufs dans une terrine. Ajouter ciboulette, sel et poivre. Battre avec une fourchette. Ajouter le lait ou la crème fraîche. Mélanger. Mettre le beurre dans une poêle, le chauffer. Verser le mélange. Travailler à feu doux. Lorsque l'omelette est cuite, la plier et la faire glisser sur le plat de service.

Variantes : on peut faire de la même façon une omelette nature, une omelette au fromage, une omelette à l'oseille.
Pour rendre l'omelette plus mousseuse, séparer les jaunes et les blancs qui seront montés en neige, puis incorporés au mélange.

Omelette aux patates

- 500 g de pommes de terre
- 6 œufs
- sel, poivre

Éplucher et laver les pommes de terre. Les couper en fines lamelles. Les passer dans un torchon pour les essuyer. Les faire frire dans l'huile. Les retourner. Lorsqu'elles sont bien cuites et ont pris une jolie couleur, arrêter la cuisson et vider l'huile en trop dans la poêle.
Casser les œufs, les battre. Saler. Poivrer. Verser cette omelette sur les pommes de terre. Laisser cuire à feu modéré. Lorsque la cuisson est presque terminée, faire glisser sur un plat et retourner sur la poêle pour terminer la cuisson.

Variante : prendre des pommes de terre cuites à l'eau, les éplucher, les couper en rondelles, les faire revenir dans du beurre. Lorsqu'elles sont dorées, recouvrir avec les œufs battus et laisser cuire à feu modéré.

Omelette au lard

- 200 g de poitrine bien maigre
- 6 œufs
- 30 g de beurre
- sel, poivre

Couper la poitrine en petits morceaux. Les faire blondir dans le beurre. Battre les œufs, saler, poivrer. Verser sur le lard et cuire à feu doux.

Variantes : on peut remplacer le lard par 3 tranches de jambon coupées en dés, 3 oignons émincés, 1 grosse poignée d'oseille, 200 g de cèpes ou autres champignons coupés en tranches ou 1 kg de tomates bien réduites à la poêle.

Farce à l'oseille

- 1 kg d'oseille
- 2 cuil. à soupe de farine
- 50 g de beurre
- 1/2 l de lait
- 1 cuil.à soupe de crème fraîche
- 6 œufs
- sel, poivre

Faire durcir les œufs et les écaler.
Laver l'oseille. Enlever la côte centrale. Dans une grande casserole, faire fondre l'oseille dans le beurre, à feu doux. Quand elle est cuite, ajouter la farine et verser le lait tiède. Chauffer en remuant jusqu'à l'obtention d'une « purée ». Ajouter la crème fraîche. Saler. Poivrer. Mélanger.
Couper les œufs durs en deux et placer sur la farce. Servir chaud.

Pâtés au fromage de chèvre

- 6 petits crottins encore mous
- 1 noix de beurre
- serpolet
- 1 œuf

Pour la pâte feuilletée :

- 250 g de farine
- 175 g de beurre
- 1 verre d'eau
- 1 cuil. à café de sel

Verser la farine sur la planche. Creuser une fontaine. Y mettre le sel et 1/2 verre d'eau. Délayer à la cuillère en bois. Ajouter le reste de l'eau et pétrir l'ensemble. On obtient la « détrempe » qui doit avoir la même consistance que le beurre.

Laisser reposer 10 minutes au frais. Etendre la détrempe. Déposer le beurre au centre. Humecter les bords et les rabattre au centre pour emprisonner le beurre. Etaler la pâte au rouleau, le beurre ne doit pas s'échapper. La plier en trois, l'étaler à nouveau, le rouleau étant placé perpendiculairement à la pliure. C'est ce que l'on appelle « donner un tour ».

Donner un 2e tour et la laisser reposer 20 minutes au frais. Recommencer deux fois l'opération précédente. La pâte a 6 tours et peut être employée.

Racler la croûte des crottins. Tailler dans la pâte feuilletée deux abaisses par fromage. Poser un fromage sur une abaisse. Chapeauter d'une noix de beurre manié avec un peu de serpolet ciselé. Recouvrir de l'autre abaisse et souder les bords soigneusement. Passer à l'œuf battu et cuire à four modéré.

Ces pâtés se mangent froids.

Pâté aux truches

- 400 g de purée
- 1 jaune d'œuf pour la dorure

Pour la pâte feuilletée :
- 250 g de farine
- 175 g de beurre
- 1 dl d'eau
- 1 cuillère à café de sel

Pour la purée :
- 500 g de pommes de terre
- 1 oignon
- 30 g de beurre
- 1 bouquet de persil
- sel, poivre

Préparer la pâte feuilletée en versant la farine dans un grand récipient. Former un puits, y mettre le sel et la moitié de l'eau. Délayer et ajouter le reste d'eau et pétrir pour obtenir la « détrempe ». Laisser reposer 10 minutes.

Étaler la détrempe sur une épaisseur de 1 cm. Placer le beurre au centre. Humecter les bords de la pâte et les rabattre pour enfermer le beurre.

Étendre la pâte au rouleau sur 1 cm en faisant attention que le beurre ne sorte pas. La plier en trois. L'étaler de nouveau, le rouleau perpendiculaire à la pliure. C'est le premier tour. Donner un deuxième tour. La mettre au frais sur un plat fariné pendant 25 minutes.

Recommencer deux fois l'opération précédente. La pâte a donc six tours et est prête à l'emploi.

Pour préparer la purée, éplucher, laver et faire cuire les pommes de terre à l'eau salée avec l'oignon. Écraser pour obtenir une purée assez sèche. Dans cette purée, incorporer le beurre, le poivre et le persil ciselé.

Pour réaliser le pâté, étaler la pâte jusqu'à 1/2 cm

d'épaisseur. Partager la pâte pour obtenir deux rectangles de même grandeur. Sur l'un, placer la purée au centre. Mouiller les bords. Appliquer le deuxième morceau sur le premier. Faire deux ou trois petits trous sur le dessus. Dorer l'ensemble au jaune d'œuf. Enfourner à four chaud pendant 25 minutes.

Pâté d'yeuve ou de lapin

- 1 lapin ou 1 lièvre
- 750 g de porc entrelardé
- 1 oignon
- 2 échalotes
- 1 brin de thym
- 1 feuille de laurier
- 1 œuf
- 1 petit verre d'eau de vie (cognac, marc ou prune)
- 1 beau bouquet de persil
- sel, poivre

Désosser entièrement l'animal. Hacher la viande y compris le cœur et le foie, le porc, l'oignon, l'échalote et le persil. Dans une grande terrine, mélanger la viande en ajoutant sel, poivre, œuf et alcool.

Tasser la préparation dans une terrine sans remplir complètement. Placer la branche de thym et la feuille de laurier. Couvrir.

Mettre au four moyen pendant 1 à 2 heures.

Variante : cette préparation peut être mise directement dans un bocal et stérilisée pour en faire une conserve. Il faut faire cuire dans l'eau bouillante salée pendant au moins 3 heures.

Pompe aux grattons

- 500 g de grattons
- 400 g de farine
- 100 g de beurre
- 3 œufs
- 2 petits verres de lait
- 1 pincée de sel
- 20 g de levure du boulanger
- saindoux
- 1 jaune d'œuf pour dorer

Mélanger les grattons coupés en petits dés avec la farine puis le beurre ramolli, les œufs entiers battus en omelette, le lait, le sel et la levure délayée dans un peu de lait tiède. Graisser une tôle au saindoux, disposer la pâte en couronne, la dorer au jaune d'œuf et faire cuire une petite heure.

Les Bourbonnais sont tout aussi friands de cette pompe.

Tourte aux pommes de terre

- 500 g de pommes de terre
- 100 g de crème fraîche
- 1 bouquet de persil
- 1 bouquet de ciboulette
- 30 g de beurre
- 100 g de poitrine fumée
- 1 jaune d'œuf

Préparer la pâte. Mettre la farine dans une terrine, le beurre coupé en petits morceaux et le sel. Mélanger. Faire un puits, y mettre l'eau. Mélanger à la spatule et pétrir le tout du bout des doigts rapidement et légèrement de façon à obtenir une pâte. Faire une boule. Laisser reposer au frais. Prélever les 2/3 de la pâte. Foncer une tourtière beurrée. Disposer un lit de fines rondelles de pommes de terre crues. Saupoudrer avec le mélange de

Pour la pâte brisée :
- 250 g de farine
- 125 g de beurre
- 1/2 verre d'eau
- 1 pincée de sel

persil et de ciboulette ciselés. Déposer quelques morceaux de poitrine fumée. Recommencer un deuxième lit et ainsi de suite. Couvrir avec le restant de pâte et pincer les bords pour assurer l'étanchéité. Faire une cheminée sur le dessus. Dorer au jaune d'œuf. Cuire au four modéré pendant 45 minutes. En sortant du four, agrandir la cheminée pour y verser la crème fraîche. Servir chaud.

Tourte au crottin de Chavignol

- 500 g de pâte brisée
- 2 œufs
- 200 g de crème fraîche
- 3 crottins de Chavignol à point
- sel, poivre
- 1 jaune d'œuf

Partager la pâte en deux morceaux inégaux.
Avec les 2/3 de la pâte, garnir un moule de 25 cm environ, en laissant déborder un peu.
Battre ensemble les œufs, la crème et les crottins râpés. Assaisonner. Verser sur la pâte.
Recouvrir avec le reste de la pâte. Border. Dorer au jaune d'œuf. Réaliser une cheminée au milieu du dessus.
Cuire environ 1 heure à four moyen.

Chou blanc frisé façon Camille

- 1 chou blanc frisé

Pour la vinaigrette :
- 1 cuil. à café de moutarde bien remplie
- 6 cuil. d'huile de noix
- 2 grosses pincées de sel
- 2 cuil. de vinaigre
- poivre

Détacher les feuilles du dessus pour utiliser celles bien blanches et plus tendres de l'intérieur. Rouler bien serré une ou deux feuilles. Découper en lanières les plus fines possible. Recommencer jusqu'à la quantité désirée. Assaisonner avec suffisamment de vinaigrette bien salée. Laisser reposer 5 à 10 minutes. Remuer encore avant de servir.

Crêpes fourrées au poulet

- restes de poulet
- 50 g de gruyère râpé

Pour la pâte à crêpe (environ 10 crêpes) :
- 250 g de farine
- 1/3 l d'eau ou de lait
- 1 œuf
- sel
- 1 cuil. à café d'eau-de-vie

Réaliser une sauce béchamel. Faire fondre le beurre. Ajouter la farine et délayer. Faire un roux blanc. Ajouter le lait tiède auquel on a ajouté le jus de la boîte de champignons quand le roux devient mousseux.
Cuire à feu doux en tournant jusqu'à ce que la sauce épaississe. Saler et poivrer. Préparer deux crêpes par personne. Délayer la farine en versant peu à peu l'eau ou le lait. Lorsque la consistance désirée est obtenue,

- 50 g de beurre

Pour la sauce béchamel :
- 40 g de beurre
- 40 g de farine
- 1 petite boîte de champignons de Paris
- 1/2 l de lait
- sel, poivre

ajouter l'œuf, l'eau-de-vie et le sel. Bien battre la pâte et laisser reposer 2 heures. Cuire les crêpes dans une poêle beurrée. Ajouter à la sauce béchamel les restes de poulet coupés en petits dés.

Fourrer chaque crêpe en formant un rouleau. Les placer dans un plat. Ajouter le reste de béchamel. Couvrir de gruyère râpé.

Mettre 10 minutes à four chaud.

Pâté de foie en croûte

- 500 g de pâte brisée
- 500 g de foie de volaille
- 400 g d'échine de porc
- 3 œufs
- 150 g de crème fraîche
- 1 cèpe en tout petits morceaux
- 15 g de beurre

Hacher très fin les foies de volaille et la viande de porc. Ajouter les œufs battus, la crème et le cèpe finement coupé. Bien mélanger. Assaisonner.

Beurrer un moule à pâté. Le garnir de pâte brisée. Ajouter la farce. Bien refermer

Faire cuire à four moyen pendant presque 2 heures. Servir tiède.

Croquettes de poisson

- 250 g de pommes de terre
- 250 g de poisson cuit
- 100 g de beurre
- persil haché
- 2 petits oignons
- 2 œufs
- sel, poivre
- 3 cuil. à soupe de farine ou chapelure

Faire une purée de pommes de terre. Ajouter les 3/4 du beurre et la dessécher sur le feu. Ajouter les œufs, les oignons hachés blondis dans le reste du beurre, le persil haché, le sel et le poivre.
Écraser le poisson cuit (reste de cabillaud, saumon, colin, etc.) et bien mélanger avec la purée.
Avec ce mélange, faire des boulettes, les rouler dans la farine ou la chapelure et les plonger dans la friture chaude. Lorsque les croquettes sont bien dorées, les égoutter et servir chaud avec une salade.

Beignets de volaille

- reste de volaille

Pour la pâte à frire :

- 125g de farine
- 1 œuf
- 1 verre de lait
- 1 petite cuil. d'huile
- sel

Préparer une pâte à frire : délayer la farine avec l'œuf entier et le sel. Bien battre le mélange. Ajouter le lait petit à petit jusqu'à ce que la pâte ait la consistance voulue et soit bien lisse. Mettre l'huile. Laisser reposer une bonne demi-heure avant de l'utiliser.
Pour la sauce tomate, couper les tomates en morceaux. Mettre dans une casserole avec le bouquet garni. Mettre

Pour la sauce tomate :
- 8 tomates
- 1 bouquet garni
- 40 g de beurre
- 1 cuil. à café de fécule
- sel, poivre

à feu doux. Bien laisser cuire les tomates en remuant souvent pour éviter d'attacher à la casserole. Lorsqu'elles rendent leur eau, passer dans une passoire avec le pilon. La purée ainsi obtenue est mise dans une casserole avec le beurre manié avec une cuillère à café de fécule, le sel et le poivre. Cuire pendant 20 minutes à feu doux.
Couper les restes de volaille en petits morceaux.
Les tremper dans la pâte à frire puis dans la friture brûlante. Servir avec la sauce tomate.

Tarte au fromage blanc

- 250 g de fromage blanc
- 100 g de beurre
- 3 œufs
- sel, poivre

Pour la pâte brisée :
- 250 g de farine
- 125 g de beurre
- sel
- 1/2 verre d'eau

Mettre la farine dans une terrine, le beurre coupé en petits morceaux et le sel. Mélanger. Faire un puits, y mettre l'eau. Mélanger à la spatule et pétrir le tout du bout des doigts rapidement et légèrement de façon à obtenir une pâte. Faire une boule. Laisser reposer au frais.
Garnir un moule à tarte avec la pâte brisée.
Dans une terrine, mélanger le fromage blanc, le beurre, les œufs battus, le sel et le poivre. Verser cette préparation sur la pâte. Cuire à four chaud pendant 30 minutes.

Citrouillat

- 1 kg de citrouille
- 3 gousses d'ail
- 1 poignée de persil
- 1 tasse de crème fraîche
- 1 jaune d'œuf
- sel, poivre

Pour la pâte brisée :

- 300 g de farine
- 150 g de beurre
- 1 pincée de sel
- 3 verres d'eau

La veille, éplucher la citrouille et la couper en cubes. Mettre ces cubes sur une grille à pâtisserie par exemple au-dessus d'un grand plat ou d'une terrine. Poudrer de sel pour que la citrouille rende son jus.

Faire une pâte brisée avec les ingrédients indiqués. Etaler la pâte sur une planche farinée en un rectangle assez grand pour pouvoir ensuite être replié en chausson.

Mettre la pâte sur une tôle à pâtisserie, sur un côté de la pâte mettre les cubes de citrouille, poivrer et saler peu, saupoudrer d'ail et de persil hachés.

Avec un pinceau mouiller les bords du rectangle, replier et coller comme pour un chausson aux pommes. Dorer au jaune d'oeuf. Faire une cheminée au centre pour que la vapeur puisse s'échapper.

Mettre à four chaud pour saisir la pâte puis baisser la température au bout de 20 minutes pour que la pâte ne dore pas trop fortement.

Verser la crème par la cheminée avant de servir.

Ce plat s'accompagne d'une salade rustique chicorée frisée ou scarole aux lardons.

Soupe aux pois et au lard

- 250 g de pois cassés
- 1 oignon
- 1 bouquet garni
- 50 g de lard de poitrine
- 50 g de beurre
- 10 cl de crème
- croûtons
- sel, poivre

Dans 1 litre d'eau froide salée, mettre les pois cassés, l'oignon, le bouquet garni et le lard coupé en petits dés. Faire cuire pendant 1 heure 30. Passer la soupe au moulin à légumes, ajouter la crème. Faire dorer les croûtons dans le beurre. Servir avec les croûtons.

Tarte au chou-fleur

- 1 chou-fleur
- 5 œufs
- 200 g de crème fraîche
- 2 dl de lait
- 1 crottin de chèvre en copeaux
- sel, poivre

Pour la pâte brisée :
- 250 g de farine
- 125 g de beurre
- 1 œuf

Préparer la pâte en mélangeant tous les ingrédients du bout des doigts.

Éplucher le chou-fleur, détacher les bouquets, les laver, les cuire à l'eau bouillante salée pendant 5 minutes, les passer sous l'eau froide et bien les égoutter.

Dans une terrine, battre les œufs, ajouter la crème fraîche, le lait, le fromage en copeaux. Saler. Poivrer.

Beurrer le moule à tarte, le garnir de pâte. Piquer le fond avec une fourchette. Disposer les bouquets de chou-fleur et verser la crème dessus.

Cuire à four moyen pendant 45 minutes.

Pâté à la viande

- 300 g de veau
- 300 g de porc entrelardé
- 1 œuf
- 1 verre à liqueur de cognac
- sel, poivre
- 1 jaune d'œuf

Pour la pâte brisée :
- 250 g de farine
- 125 g de beurre
- 1 œuf
- 1/2 verre d'eau
- sel

Mettre la farine dans une terrine, le beurre coupé en petits morceaux, l'œuf et le sel. Mélanger. Faire un puits, y mettre l'eau. Pétrir du bout des doigts rapidement et légèrement de façon à obtenir une pâte que l'on peut mettre en boule. Laisser reposer au frais.

Préparer la farce. Hacher le veau et le porc. Assaisonner avec sel, poivre. Ajouter l'œuf et le cognac. Bien mélanger.

Étaler la pâte. Déposer la farce sur la moitié de la pâte et à 2 cm des bords. Humecter les bords. Replier la pâte pour recouvrir la farce. Bien souder les bords. Faire deux ou trois cheminées sur le dessus. Dorer au jaune d'œuf. Placer le pâté sur une plaque et enfourner à four moyen jusqu'à une belle couleur marron.

Variante : pour faire un pâté de Pâques, chemiser un moule à pâté avec une partie de la pâte brisée. Déposer la farce et noyer trois œufs durs en les répartissant sur la longueur. Recouvrir avec le reste de la pâte. Dorer. Ne pas oublier les cheminées. Cuire à four modéré pendant 45 minutes.

Légumes et accompagnements

Galette de pommes de terre

- 250 g de pommes de terre
- 150 g de farine
- 2 œufs
- 125 g de beurre
- 1 jaune d'œuf pour la dorure
- sel

Cuire les pommes de terre à l'eau salée. Les éplucher et les écraser à la fourchette ou au pilon à purée. Ajouter le beurre coupé en dés, un œuf, le sel, la farine. Bien pétrir la pâte. Laisser reposer 1 heure.

Étaler la pâte sur une épaisseur d'un centimètre environ. Dorer à l'œuf. Cuire 25 à 30 minutes à four chaud et servir tiède.

Galette feuilletée aux pommes de terre

- 250 g de pommes de terre
- 150 g de farine
- 2 œufs
- 250 g de beurre
- 1 verre d'eau
- 1 jaune d'œuf pour la dorure
- sel

Cuire les pommes de terre à l'eau. Les éplucher et les écraser à la fourchette ou au pilon à purée. Réserver et laisser refroidir.

Faire une pâte avec la farine, les œufs, le sel, la moitié du beurre et l'eau. Faire une boule et l'étaler. À la surface, disposer quelques touches de beurre et les pommes de terre. Plier en trois et étaler à nouveau. Ajouter quelques touches de beurre et plier en trois.

Laisser reposer un bon 1/4 d'heure. Recommencer trois fois à étaler la pâte, ajouter un peu de beurre, plier et laisser reposer.
Étaler une dernière fois la pâte sur une épaisseur d'1 cm environ. Dorer au jaune d'œuf. Rayer la surface avec la pointe d'un couteau et enfourner à four chaud pendant 25 minutes.

Purée gratinée

- 1 kg de pommes de terre
- 100 g de beurre
- 1 verre de lait
- 1 œuf
- 1 biscotte émiettée
- 75 g de crottin de chèvre
- sel, poivre

Mettre les pommes de terre épluchées et coupées dans l'eau froide salée et les cuire pendant 20 minutes. Égoutter. Écraser au pilon à purée ou au moulin à légumes. Ajouter 75 g de beurre coupé en morceaux en remuant vivement avec la cuillère en bois. Assaisonner. Ajouter doucement le lait bouillant sans cesser de battre.
Incorporer l'œuf entier puis étaler dans un plat à four beurré. Saupoudrer la surface avec les miettes de biscotte et le fromage râpé. Terminer en arrosant d'un peu de beurre fondu. Enfourner jusqu'à obtention d'une croûte légèrement colorée.

Gratin de pommes de terre

- 1 kg de pommes de terre
- 1 gousse d'ail
- 100 g de gruyère râpé
- 50 g de beurre
- sel, poivre
- 3 œufs
- 1/3 l de lait
- 2 bonnes cuil. à soupe de crème épaisse

Peler et laver les pommes de terre, les couper en fines rondelles.
Garnir un plat à gratin beurré et frotté à l'ail en plaçant les pommes de terre, le gruyère, le sel, le poivre et un peu de beurre. Recommencer.
Verser le mélange œufs-lait et crème battus ensemble. Terminer en saupoudrant avec le reste du gruyère. Cuire à four moyen, au bain-marie pendant 1 heure 30.

Pommes de terre aux oignons frits

- 500 g de pommes de terre
- huile
- 2 oignons émincés en fines lamelles
- sel

Éplucher les pommes de terre, les laver, les couper en morceaux de la grosseur d'une petite noix et les essuyer.
Dans une sauteuse, mettre de l'huile. Chauffer.
Plonger les pommes de terre et les cuire.
Lorsqu'elles sont bien dorées, ajouter les oignons et laisser frire encore quelques minutes. Egoutter. Saler.

Pommes de terre au beurre

- 500 g de pommes de terre
- 50 g de beurre
- 1 échalote
- persil haché
- sel

Cuire les pommes de terre épluchées à l'eau salée pendant 10 minutes. Egoutter.
Couper en rondelles de 3 mm d'épaisseur. Dans une sauteuse, chauffer un morceau de beurre avec l'échalote émincée. Faire sauter les pommes de terre. Saler.
Cuire doucement pendant 20 minutes en faisant sauter.
En fin de cuisson, mettre dans le plat de service. Parsemer de persil haché.

Pommes de terre malheureuses

- 500 g de pommes de terre
- huile
- 1 cuil. de farine
- 2 verres d'eau
- 1 filet de vinaigre
- sel, poivre

Couper les pommes de terre épluchées en rondelles et cuire dans la sauteuse avec 1 cm d'huile.
Lorsqu'elles sont bien dorées, jeter l'huile qui reste dans la sauteuse. Saler et poivrer. Saupoudrer de farine. Remuer. Ajouter l'eau.
Laisser mijoter quelques minutes. Terminer avec un filet de vinaigre.

Pommes de terre au lait

- 500 g de pommes de terre
- persil haché
- 10 cl de crème
- 1/2 l de lait
- 2 gousses d'ail
- sel, poivre

Cuire les pommes de terre dans l'eau salée.
Les couper en rondelles et placer une première couche dans un plat beurré et aillé ; poivrer et étaler un peu de crème fraîche et de persil haché ; puis une deuxième et une troisième couche. Verser le lait.
Cuire à four moyen jusqu'à coloration du dessus.

Pommes de terre au lard

- 500 g de pommes de terre
- 125 g de poitrine coupée en lardons
- 30 g de beurre
- 1 oignon
- 1 cuil. de farine
- 1 verre de vin blanc
- 2 verres de bouillon
- thym
- laurier
- persil haché
- sel, poivre

Faire rissoler les lardons dans le beurre. Retirer.
Mettre l'oignon coupé en lamelles, le laisser blondir. Saupoudrer de farine. Remuer. Verser le liquide. Porter à ébullition en remuant.
Ajouter les pommes de terre épluchées et coupées en 4 ou 5 morceaux ainsi que les lardons. Assaisonner.
Ajouter thym et laurier. Couvrir. Remettre à ébullition puis cuire 30 minutes à feu modéré. Faire réduire la sauce si besoin.
En fin de cuisson, parsemer de persil haché.

Pommes de terre chavignolaises

500 g de petites
ommes de terre
2 oignons
oupés en lamelles
thym
laurier
30 g de beurre
1 cuil. de farine
1 bouteille
le vin rouge
sel, poivre

Dans la sauteuse, faire revenir les oignons dans le beurre. Saupoudrer de farine. Verser le vin rouge. Saler et poivrer. Ajouter le thym et la feuille de laurier. Porter à ébullition. Ajouter les pommes de terre entières et épluchées. Couvrir. Laisser cuire 1/2 heure à feu modéré.

Pommes de terre au four

4 grosses pommes
le terre
1 fromage blanc
sel, poivre
ciboulette

Bien laver les pommes de terre sans les éplucher. Mettre directement au four très chaud et laisser cuire environ 1/2 heure. Les sortir dès qu'elles sont cuites et laisser un peu refroidir pour pouvoir les manipuler. Enlever un bon morceau dessus. Creuser pour ne laisser que peu de chair. Mélanger la chair retirée avec le fromage blanc, le sel, le poivre et de la ciboulette ciselée. Remplir les pommes de terre évidées et servir encore tiède.

Croquettes de pommes de terre

[redacted]
- persil haché
- 1 œuf
- farine
- sel

Cuire les pommes de terre à l'eau salée. Écraser au pilon ou à la fourchette. Mélanger avec l'œuf et le persil haché. Laisser refroidir. Former de petites boules en les roulant dans les mains. Passer dans la farine et cuire dans une friture chaude.

Gratin de courgettes

- 4 courgettes moyennes
- 20 g de beurre
- 3 œufs
- 25 cl de crème fraîche liquide
- 125 g de gruyère râpé
- sel, poivre

Laver les courgettes. Les couper en rondelles. Les cuire à feu doux dans une sauteuse fermée avec un peu de beurre pendant 10 minutes.

Dans une terrine, battre les œufs. Assaisonner, ajouter petit à petit la crème fraîche puis la moitié du gruyère.

Placer les courgettes dans un plat à four beurré. Verser la bouillie par-dessus puis mettre le reste de gruyère.

Cuire à four moyen pendant 1 à 20 minutes.

Variante : la même recette peut être réalisée avec des aubergines ou en mélangeant courgettes et aubergines.

Beignets de topinambours

300 g de topinambours

Pour la pâte à frire :
- 125 g de farine
- 1 œuf
- 1 verre de lait
- 1 petite cuil. d'huile
- sel

Préparer une pâte à frire : délayer la farine avec l'œuf entier et le sel. Bien battre le mélange. Ajouter le lait petit à petit jusqu'à ce que la pâte ait la consistance voulue et soit bien lisse. Mettre l'huile. Laisser reposer une bonne demi-heure avant de l'utiliser.

Cuire les topinambours à l'eau salée. Les éplucher et les couper.

Tremper les morceaux de topinambours dans la pâte à frire pour bien les enrobés et passer dans la friture chaude.

La pâte sera plus croustillante si, au dernier moment, on ajoute un blanc d'œuf battu à la fourchette.

Carottes frites

- 1 botte de jeunes carottes
- farine

Prendre de petites carottes, les laver, les gratter et bien les essuyer. Les fariner légèrement avant de les plonger quelques minutes dans la friture.

Égoutter et servir.

Carottes sucrées

- 300 g de carottes
- 60 g de beurre
- 1 cuil. de sucre
- 1 pincée de sel
- 1 pincée de bicarbonate de soude
- persil haché
- 1/2 l d'eau

Peler les carottes et les couper en rondelles assez fines. Dans une casserole, mettre les carottes, l'eau, le sel, le sucre, le bicarbonate et le beurre. Couvrir. Porter à ébullition puis bouillotter pendant 1/2 heure. Poursuivre la cuisson en les faisant sauter plusieurs fois. Réduire le liquide en un sirop très épais qui enveloppera bien les carottes. Servir en légumier parsemé de persil haché.

Variante : pour faire des carottes à la crème, ajouter aux carottes sucrées un verre de béchamel et 3 grosses cuillerées de crème. Tourner pour rendre la préparation homogène.

Haricots verts au beurre

- 500 g de haricots verts
- 30 g de beurre
- 2 échalotes hachées
- persil haché
- sel

Équeuter, laver les haricots et les plonger dans l'eau bouillante salée. Laisser cuire sans couvrir pendant 20 minutes. Egoutter. Dans une casserole, mettre le beurre et faire revenir les échalotes. Ajouter les haricots verts. Les faire sauter. Saupoudrer de persil haché.

Chou-fleur à la sauce blanche

- 1 chou-fleur

Pour la sauce blanche :
- 40 g de beurre
- 40 g de farine
- 1/2 l d'eau de cuisson des choux-fleurs
- sel, poivre

Cuire les bouquets de chou-fleur à l'eau bouillante salée pendant 20 minutes. Les retirer de l'eau et les maintenir au chaud.
Pour préparer la sauce blanche, mettre le beurre dans une casserole. Ajouter la farine. Laisser sur le feu très doux en remuant jusqu'à ce que le mélange devienne mousseux. Mouiller avec l'eau de cuisson. Verser l'eau doucement en remuant. Saler. Poivrer. Cuire jusqu'à ce que la sauce soit bien épaisse. Mettre le chou-fleur dans le plat de service et recouvrir de sauce blanche.

Petits pois au lard

- 500 g de petits pois écossés
- 125 g de poitrine coupée en lardons
- 30 g de beurre
- 1 cuil. de farine
- 3 petits oignons blancs
- 1 bouquet garni
- 2 verres d'eau

Dans une casserole, faire rissoler les lardons dans le beurre. Les retirer. Jeter la farine dans le beurre, remuer et verser l'eau. Ajouter les petits pois, les oignons, les lardons et le bouquet garni. Couvrir et laisser cuire 1 heure à feu doux.

Fricassée de lentilles du Berry aux légumes

- 300 g de lentilles du Berry
- 2 branches de céleri coupées
- 2 oignons hachés
- 2 gousses d'ail pilées
- 4 carottes en rondelles
- 30 g de beurre
- thym
- laurier
- sel, poivre

Dans une casserole d'eau froide, mettre les lentilles, les herbes, les rondelles de carottes, les dés de céleri. Couvrir. Porter à ébullition. Cuire à feu doux pendant 30 minutes.
Dans une poêle, faire dorer l'oignon et l'ail dans le beurre. Mélanger aux légumes. Assaisonner et laisser mijoter quelques minutes.

Salade cuite à l'oseille

- salade
- oseille
- 50 g de beurre
- sel

Utiliser les feuilles vertes de salade qui sont trop dures pour être servies en salade. Il en faut une grande quantité pour obtenir une petite part. Cuire les feuilles de salade dans l'eau bouillante salée pendant 1/2 heure. Égoutter et réserver.
Nettoyer l'oseille. Mettre dans une casserole un morceau de beurre. Le chauffer et ajouter les feuilles d'oseille. Couvrir.

Fondre à feu modéré pendant 5 minutes.
Ajouter la salade verte. Mélanger. Saler.
Couvrir et finir de cuire à feu modéré pendant 1/2 heure.

Plus on utilise d'oseille, plus la préparation est acide.

Petits pois sucrés

- 500 g de petits pois écossés
- 4 petits oignons blancs
- 1 bouquet garni
- quelques feuilles de salade
- 1 cuil. à café de sucre
- 30 g de beurre
- 1 pincée de sel

Écosser les petits pois. Les mettre dans une passoire et les passer rapidement sous l'eau froide.
Dans une casserole, mettre les petits pois avec les oignons, le bouquet garni, les feuilles de salade, le sucre, le sel et le morceau de beurre.
Ajouter 1 verre d'eau. Couvrir. Cuire à feu doux pendant 1 heure.
Au cours de la cuisson, remuer les petits pois et remettre un peu d'eau si besoin. En fin de cuisson, retirer le bouquet avant de servir.

Gratinée de poireaux

- 8 blancs de poireaux
- pain rassis émietté
- 50 g de beurre
- sel, poivre

Pour la béchamel :
- 40 g de beurre
- 40 g de farine
- 1/2 l de lait
- sel, poivre

Couper les blancs de poireaux en rondelles et les cuire dans l'eau bouillante salée pendant 30 minutes. Egoutter. Préparer la béchamel. Faire fondre le beurre. Ajouter la farine et délayer. Faire un roux blanc. Ajouter le lait tiède quand le roux devient mousseux. Cuire à feu doux en tournant jusqu'à ce que la sauce épaississe. Saler et poivrer. Dans la casserole, mélanger les poireaux avec la béchamel. Cuire doucement pendant 30 minutes. Mettre dans un plat à four. Saupoudrer de pain rassis émietté. Ajouter le beurre en petits morceaux. Faire gratiner au four pendant 15 minutes.

Lentilles du Berry au lard

- 300 g de lentilles du Berry
- 2 oignons
- 125 g de lardons
- 1 cuil. de farine
- 50 g de beurre
- sel, poivre

Mettre les lentilles dans l'eau froide et cuire pendant environ 30 minutes. Les saler en fin de cuisson.
Faire revenir dans le beurre les oignons puis les lardons finement coupés. Ajouter les lentilles cuites en ne gardant qu'un peu d'eau de cuisson. Lier le tout avec un peu de beurre manié avec de la farine.

Potée de pois rouges de Sancergues

- 250 g de haricots rouges
- 1 oignon
- 1 feuille de laurier
- 1 cuil. de farine
- 1 cuil. de crème bien remplie
- sel, poivre

Faire tremper les haricots dans l'eau froide pendant une nuit. Égoutter et mettre dans une casserole avec l'oignon et la feuille de laurier. Recouvrir largement d'eau. Saler et poivrer.

Porter à ébullition et laisser cuire à petits bouillons pendant 1 h 30 en vérifiant la quantité d'eau. Quand les haricots sont cuits, ajouter une cuillerée de farine délayée dans un peu de jus de cuisson.

Laisser bouillotter 5 minutes, ajouter la crème avant de servir.

Variante : si on a un reste, on peut faire une salade ou une omelette. Pour cela, verser un peu d'huile dans une poêle, mettre les haricots égouttés et chauffer avant de verser les œufs salés et poivrés. Bien répartir les haricots dans les œufs. Cuire à feu modéré.

Haricots mi-secs à la crème

- 500 g de haricots écossés
- 1 cuil. de farine
- 2 grosses cuil. de crème fraîche
- 1 bouquet garni
- sel, poivre

Mettre les haricots dans l'eau froide salée et poivrée. Ajouter le bouquet garni.
Cuire à couvert pendant 30 minutes. En fin de cuisson, lier la sauce avec la farine mélangée à la crème fraîche. Finir de cuire sans bouillir pendant 5 minutes.

Gratin de chou-fleur au crottin de chèvre

- 1 chou-fleur

- Pour la béchamel :
- 40 g de beurre
- 40 g de farine
- 1/2 l de lait
- 100 g de gruyère râpé
- 1 crottin de chèvre
- sel, poivre

Cuire les bouquets de chou-fleur à l'eau bouillante salée pendant 20 minutes. Les retirer de l'eau, les égoutter et les placer dans un plat à four.
Préparer la béchamel. Faire fondre le beurre. Ajouter la farine et délayer.
Faire un roux blanc. Ajouter le lait tiède quand le roux devient mousseux.

Cuire à feu doux en tournant jusqu'à ce que la sauce épaississe. Saler et poivrer.
Ajouter la moitié du fromage râpé.
Recouvrir le chou-fleur avec la béchamel. Ajouter le reste du fromage râpé et des copeaux de crottin.
Passer au four chaud pour gratiner.

Pain de lentilles du Berry

- 250 g de lentilles du Berry
- 1 cuil. d'huile d'olive
- 1 oignon
- 2 gousses d'ail
- 2 branches de céleri
- 3 verres d'eau
- 150 g de cerneaux de noix
- 3 cuil. de farine complète
- persil
- 3 œufs battus
- sel, poivre

Moudre les cerneaux de noix. Hacher l'oignon et piler l'ail. Couper le céleri en dés.
Dans une casserole, faire revenir l'oignon dans l'huile. Ajouter l'ail, le céleri, les lentilles. Verser l'eau. Porter à ébullition. Couvrir.
Laisser mijoter 30 minutes en remuant de temps en temps. Ajouter la farine mélangée aux noix et les œufs battus. Assaisonner.
Cuire 5 minutes à feu doux. Verser le mélange dans un moule à cake huilé et fariné.
Cuire à four moyen pendant 50 minutes.

Quatre légumes au beurre fondu

- 250 g de pommes de terre
- 250 g de carottes
- 250 g de haricots verts
- 500 g de petits pois
- persil haché
- sel
- 125 g de beurre

Eplucher les pommes de terre puis les laver.
Gratter les carottes puis les laver.
Ecosser les petits pois et les passer sous l'eau.
Equeuter les haricots verts et les laver.
Cuire les légumes sans les mélanger dans l'eau bouillante salée pendant 20 à 25 minutes.
Bien égoutter. Les présenter dans le plat de service.
Saupoudrer de persil haché et arroser de beurre fondu.

Aubergines frites

- 2 aubergines
- 1 œuf
- 3 cuil. de farine
- sel

Laver les aubergines. Les essuyer. Les couper en rondelles. Les saler et les laisser dégorger.
Les fariner. Les passer dans l'œuf battu et salé.
Les cuire dans la friture chaude.

Beignets de courgettes

- 4 petites courgettes

Pour la pâte à frire :
- 150 g de farine
- 1 œuf
- 25 cl de lait ou d'eau
- 1 cuil. à soupe d'huile
- sel

Laver puis essuyer les courgettes. Les couper en rondelles. Les saler et les laisser dégorger. Préparer la pâte à frire. Dans une terrine, mettre la farine, le sel et le jaune d'œuf. Mélanger. Ajouter l'eau ou le lait puis l'huile. Mélanger et laisser reposer 1 heure. Battre le blanc en neige et l'incorporer à la pâte. Tremper chaque rondelle dans la pâte puis dans la friture chaude. Faire dorer. Égoutter. Saler et déguster chaud.

Variante : la même recette peut s'appliquer aux aubergines.

Navets rissolés

- 500 g de navets
- 50 g de beurre
- 125 g de lardons
- sel, poivre

Éplucher et laver les navets. Les couper en tranches. Les cuire dans l'eau bouillante salée pendant environ 1/2 h puis égoutter. Les faire rissoler à la poêle dans le beurre. En fin de cuisson, ajouter les lardons et laisser mijoter à couvert pendant 10 minutes.

Variante : la même recette peut s'appliquer aux choux raves.

Courgettes farcies

- 1/2 courgette par personne
- 100 g de chair à saucisse par personne
- reste de viande

Pour la sauce tomate :

- 500 g de tomates
- 2 oignons
- 2 petites carottes persil
- 1 brin de thym
- 1 feuille de laurier
- 50 g de beurre
- 1 cuil. de farine
- 1 morceau de sucre
- sel, poivre

Préparer la sauce tomate. Dans une sauteuse, mettre un beau morceau de beurre et faire blondir les oignons finement hachés, les carottes coupées, le persil, le thym et le laurier. Saupoudrer avec la farine. Ajouter les tomates coupées en quatre et un peu d'eau. Saler. Poivrer. Cuire à feu doux, à couvert pendant 40 minutes.

Passer la sauce à la passoire fine. Si elle est trop acide ajouter un morceau de sucre. Préparer les courgettes. Les laver. Les partager en deux dans le sens de la longueur. Les épépiner. Les faire blanchir dans l'eau bouillante salée. Les poser sur un plat à four. Les farcir avec un reste de viande mélangé à de la chair à saucisse.

Verser la sauce tomate sur l'ensemble et mettre à cuire à four moyen pendant 45 minutes.

Viandes et poissons

Pot au feu

- 750 g de jarret de bœuf
- 750 g de paleron
- 3 poireaux
- 3 ou 4 carottes
- 1 chou rave
- 1 oignon piqué de 3 clous de girofle
- 1 bouquet garni (thym, persil, laurier)
- 1 chou
- sel, poivre

Mettre les morceaux de viande ficelés dans « le pot au feu ». Ajouter 6 l d'eau froide et une poignée de gros sel gris. Poivrer. Cuire à feu vif. Lorsqu'une écume blanche se forme sur le bouillon, l'enlever au fur et à mesure avec l'écumoire. Lorsque toute l'écume est partie, ajouter les légumes coupés en morceaux d'une dizaine de centimètres. Faire repartir le feu jusqu'à reprise de l'ébullition puis laisser mijoter à feu doux pendant 4 heures. Les légumes se servent en même temps que la viande alors que tout est bien chaud.

Variante : il est possible d'ajouter un chou coupé en 4, à mi-cuisson.

Rôti de veau à la cocotte

- 1 kg de quasi
- 50 g de beurre
- 1 oignon
- 1 feuille de laurier
- 1 bon verre d'eau
- sel, poivre

Chauffer le beurre dans la cocotte. Faire dorer la viande de tous les côtés. Saler. Poivrer. Ajouter un oignon, une feuille de laurier. Verser l'eau en plusieurs fois, au fur et à mesure que la viande prend de la couleur. Couvrir. Laisser cuire 2 heures à feu doux. Puis mettre dans un plat et finir la cuisson au four pendant 1/2 heure.

Boulettes de viande de pot-au-feu

- 500 g de pommes de terre
- 300 g de reste de viande de pot-au-feu
- 1 œuf
- farine
- sel

Laver et cuire les pommes de terre à l'eau salée pendant 30 minutes. Les éplucher, puis les écraser à la fourchette.

Couper la viande en petits morceaux puis mélanger à cette purée. Ajouter un œuf entier à ce mélange.

Prendre une bonne cuillère du mélange et fabriquer une boulette.

Enfariner les boulettes ainsi obtenues.

Mettre de l'huile dans une poêle. Bien laisser chauffer et plonger les boulettes dans cette friture.

Cuire pendant 8 à 10 minutes en les retournant.

Bœuf aux carottes

- 1,5 kg de tranche ou de culotte
- 30 g de beurre
- 1 l d'eau
- 2 verres de vin blanc de Menetou Salon
- 1 cuil. à soupe d'eau-de-vie
- couenne de lard
- 1 pied-de-veau moyen
- 250 g de carottes
- 3 oignons
- sel, poivre

Mettre dans la casserole la viande avec le beurre. La laisser colorer de tous les côtés. Ajouter l'eau, le vin et l'eau-de-vie puis le morceau de couenne et le pied-de-veau blanchi, le bouquet garni. Saler et poivrer. Amener à ébullition. Écumer. Couvrir et laisser bouillotter pendant 2 heures. Ajouter les carottes coupées en rondelles et les oignons coupés en 4 et revenus dans un peu de beurre. Laisser encore mijoter pendant 2 heures. La cuisson est toujours faite à couvert.

À la fin de la cuisson, couper la viande en tranches. La dresser sur un plat de service entourée des légumes.

Bœuf aux oignons

- 1,5 kg de paleron
- 10 gros oignons
- 50 g de beurre
- 1/2 l d'eau
- 1 bouquet garni
- sel, poivre

Dans une cocotte, faire dorer les oignons dans le beurre sans les couper. Faire dorer la viande. Saler. Poivrer. Ajouter l'eau, le bouquet garni. Fermer. À l'ébullition, baisser la température et laisser mijoter 4 h 30. Présenter le rôti en tranches entouré des oignons.

Mironton

- 500 g de bœuf cuit
- 50 g de beurre
- 300 g d'oignons
- 1 cuil. de farine
- 1 verre de bouillon
- 1/2 verre de vin blanc
- 1 filet de vinaigre
- sel, poivre

Faire dorer les oignons émincés dans le beurre. Saupoudrer de farine. Faire blondir. Verser le vin blanc et le bouillon. Assaisonner. Faire mijoter 15 minutes. Ajouter la viande coupée en petits morceaux. Laisser mijoter encore 15 minutes. Terminer par un filet de vinaigre.

C'est une bonne façon d'utiliser les restes de bœuf cuit.

Hachis à la purée

- 500 g de bœuf haché
- 200 g de chair à saucisses
- 2 oignons
- persil
- 50 g de beurre
- sel, poivre

Mélanger le bœuf avec les oignons et le persil hachés. Saler. Ajouter la chair à saucisses. Faire colorer le mélange dans le beurre.

En même temps, cuire des pommes de terre à l'eau salée. Les écraser avec le pilon à purée et assaisonner.

Dans un plat allant au four, mettre un lit de hachis, un lit de pommes de terre puis recommencer. Enfourner et laisser cuire jusqu'à coloration.

Hachis en boulettes

- 500 g de bœuf cuit
- 100 g de farine
- 2 ou 3 œufs
- 3 biscottes

Pour la sauce avec un roux brun :
- 60 g de beurre
- 2 ou 3 cuil. de farine
- 1/2 l de bouillon
- 1 bouquet garni

Hacher le bœuf. Ajouter un œuf. Former des boulettes. Les rouler dans la farine puis dans un œuf battu en omelette puis dans les miettes de biscottes écrasées.
Mettre dans une casserole, le beurre et le laisser fondre. Ajouter alors la farine. La laisser colorer en remuant. Lorsque la farine est devenue brune, ajouter le bouillon et le bouquet garni. Laisser épaissir.
Placer les boulettes dans la sauce avec précaution. Laisser mijoter 15 minutes en remuant doucement.

Cœur de bœuf en sauce

- 1 cœur de bœuf
- 125 g de poitrine
- 1 cuil. de farine
- 1/4 l de vin rouge
- 2 oignons
- 40 g de beurre
- sel, poivre

Couper le cœur en morceaux. Mettre à colorer avec les morceaux de lard. Saupoudrer de farine. Mouiller avec le vin rouge. Saler. Poivrer. Cuire à couvert, à feu doux pendant 3 heures. À mi-cuisson, ajouter les oignons dorés dans le beurre.

Le cœur coupé en tranches peut être poêlé avec un morceau de beurre.

Filet sauce madère

- 1 kg de filet pour 4 personnes
- 1 oignon
- 60 g de beurre
- sel, poivre

Pour la sauce madère :

- 50 g de beurre
- 2 cuil. de farine
- 1 ou 2 verres de bouillon ou d'eau
- 2 cuillères de madère
- 1 bouquet garni
- sel

Dans une poêle, faire blondir l'oignon coupé en fines lamelles avec une noix de beurre. Dans un plat allant au four, placer la viande. La tartiner de beurre. Verser l'oignon dessus. Saler. Mettre un peu d'eau au fond du plat. Cuire à feu vif de 30 à 45 minutes suivant le goût. Ajouter le poivre en fin de cuisson. Réserver au chaud.

Réaliser la sauce madère. Dans une casserole, faire fondre le beurre. Ajouter la farine. Lorsque la farine devient brune, mouiller avec le bouillon auquel on a ajouté le jus de cuisson de la viande. Saler. Laisser cuire doucement pour épaissir 25 à 30 minutes avec un bouquet garni.

Au moment de servir ôter le bouquet garni et ajouter 2 cuillères de madère. Couper le rôti en tranches et servir avec la sauce madère présentée en saucière.

Andouillette poêlée

- 1 andouillette par personne
- 20 g de beurre
- 1 filet de vinaigre

Couper les andouillettes en deux dans le sens de la longueur. Les poêler 5 à 6 minutes dans le beurre.

En fin de cuisson, ajouter un filet de vinaigre.

Bœuf à la Buétonne

- 1 kg de bœuf (culotte ou tranche)
- 125 g de poitrine de porc
- 3 beaux oignons
- 150 g de champignons
- 1 cuil. de farine
- 1 bouquet garni
- 40 g de beurre
- 2 verres de bouillon
- 2 verres de vin rouge de Bué
- sel, poivre

Couper le bœuf en cubes. Tailler le lard en lardons. Les faire dorer dans le beurre avec les oignons coupés. Réserver. Remplacer par les champignons coupés. Les faire sauter à feu vif. Réserver avec le lard.

Dans la même graisse, faire colorer le bœuf. Vider la graisse. Saupoudrer la viande de farine. Laisser colorer en remuant. Saler. Poivrer. Mouiller avec le bouillon et le vin. À ébullition, ajouter le bouquet garni. Couvrir. Cuire doucement pendant 2 heures. Dégraisser la sauce. Ajouter lardons, oignons et champignons. Couvrir. Laisser mijoter 30 minutes. Surveiller la sauce, elle diminue de moitié.

Foie de veau poêlé

- 4 tranches
- 1 cuil. de farine
- 60 g de beurre
- 4 brins de persil
- sel, poivre

Saler et poivrer les tranches. Saupoudrer dessus un peu de farine. Poêler dans le beurre. Laisser cuire 4 minutes de chaque côté.

Placer sur le plat de service, verser sur chaque tranche, le beurre de cuisson et le persil haché.

Cervelle en matelote

- 1 cervelle
- 1/2 bouteille de vin rouge
- 1 brin de thym
- 1 feuille de laurier
- 1 oignon
- 3 brins de persil
- 2 cuil. de farine
- 40 g de beurre
- sel

Nettoyer la cervelle. La cuire dans le vin rouge avec le persil, le laurier, le thym et l'oignon, le sel, à feu doux pendant 20 minutes. En fin de cuisson, passer le liquide dans une casserole pour le réduire à 2 verres, à feu vif. Mélanger le beurre et la farine à la fourchette et l'ajouter petit à petit au liquide bouillant pour lier cette sauce. Remettre la cervelle découpée. Laisser mijoter 15 minutes.

Servir avec des croûtons frits.

Paupiettes de veau

- 4 escalopes fines
- 400 g de chair à saucisses
- 50 g de beurre
- 6 belles échalotes
- 2 carottes
- 1 verre de vin blanc de Menetou Salon
- 1 verre d'eau
- 150 g de champignons de Paris

Placer la chair à saucisses sur l'escalope, rouler et ficeler. Faire revenir les paupiettes dans le beurre avec les échalotes hachées et les carottes coupées en rondelles. Saler légèrement. Ajouter le vin et l'eau. Laisser mijoter 1 heure à couvert.

Ajouter les champignons. Remettre doucement à cuire pendant 30 minutes.

Avant de servir, couper les ficelles et les retirer.

Blanquette de veau

- 1 kg d'épaule coupée en morceaux
- 2 carottes
- 1 oignon
- 1 bouquet garni
- 60 g de beurre
- 3 cuil. rases de farine
- 4 verres de l'eau de cuisson
- 150 g de champignons de Paris
- 1 jaune d'œuf
- 10 cl de crème fraîche
- sel, poivre

Mettre la viande dans une casserole. Recouvrir d'eau froide salée. Faire monter à ébullition. Ecumer. Ajouter carottes, oignon et bouquet garni. Couvrir et laisser bouillotter une bonne heure.

Dans une cocotte, mettre le beurre. Saupoudrer de farine, mouiller avec l'eau de cuisson. Faire épaissir en remuant toujours. Ajouter les champignons coupés et déjà cuits 10 minutes dans l'eau bouillante, la viande bien égouttée. Poivrer. Laisser bouillotter 15 minutes.

Incorporer la crème fraîche et le jaune d'œuf, en remuant pour lier la sauce, mais sans laisser bouillir.

Escalopes à la crème

- 4 escalopes (1 par personne)
- 20 g de beurre
- 1 échalote
- 1 filet de vinaigre de cidre
- 2 cuil. de crème fraîche bien remplies
- sel, poivre

Poêler les escalopes dans un peu de beurre. Saler. Poivrer. Ajouter l'échalote hachée.

Lorsque les escalopes sont bien dorées, verser un filet de vinaigre. Laisser mijoter à feu doux pendant 1 minute puis ajouter la crème fraîche pour finir la sauce.

Rognons au reuilly

- 4 rognons
- 60 g de beurre
- 2 cuil. de farine
- 1 oignon
- 2 échalotes
- 2 verres de vin blanc
- 1 verre de bouillon
- 2 cuil. de madère
- 4 brins de persil
- sel, poivre

Nettoyer les rognons. Les couper en morceaux. Faire blondir l'oignon et l'échalote dans la moitié du beurre. Ajouter les rognons. Saler. Poivrer. Les cuire à feu vif et arrêter la cuisson lorsqu'ils sont raidis. Les retirer. Dans la poêle verser le vin blanc et le bouillon. Laisser mijoter 5 minutes à couvert. Puis ajouter le reste du beurre mélangé avec la farine. Ajouter le madère puis les rognons pour les réchauffer à feu doux 5 minutes sans bouillir. Parsemer de persil haché.

Côtes de veau à la poêle

- 4 côtes de veau
- 2 échalotes hachées
- 1 verre de vin blanc
- 1 petit verre de vinaigre
- 1 pincée de sucre
- 3 jaunes d'œuf
- 15 cl de crème fraîche
- 40 g de beurre pour poêler les côtes
- sel, poivre

Porter à ébullition dans une casserole le vin blanc, le vinaigre, les échalotes hachées et le sucre. Laisser réduire de moitié. Battre les jaunes d'œuf et la crème. Saler. Poivrer. Ajouter dans la casserole et faire épaissir le mélange.

Poêler les côtes. Dresser sur un plat de service. Napper avec la sauce.

Croquettes de veau

- 200 g de veau cuit
- 100 g de champignons cuits
- 60 g de beurre
- 1 cuil. à soupe de farine
- 1 bon verre de lait
- 1 jaune d'œuf
- 1 œuf battu
- 3 biscottes émiettées
- sel, poivre

Couper la viande en petits dés ainsi que les champignons. Dans une casserole, mélanger le beurre et la farine. Cuire légèrement. Mouiller avec le lait. Assaisonner. Faire bouillir 2 ou 3 minutes. Hors du feu, ajouter le jaune d'œuf délayé dans un peu de lait. Ajouter la viande et les champignons. Laisser refroidir.

Lorsque le mélange est bien froid, former de petites boules. Les passer dans l'œuf battu puis dans les miettes de biscottes. Plonger les dans la friture pendant 3 ou 4 minutes.

Servir avec une salade verte.

Cervelle au beurre

- 1 cervelle pour 2 personnes
- 40 g de beurre
- 1 filet de citron

Pour le court-bouillon :

- 1 oignon
- 1 carotte
- 1 bouquet garni

Nettoyer la cervelle. Couper en 2 lobes.

Laisser cuire au court-bouillon pendant 20 minutes. Egoutter. Couper en tranches. Passer dans la poêle, dans le beurre juste fondu. Ajouter un filet de citron. Servir.

Mou de veau au rouge de Sury-en-Vaux

- 1/2 mou de veau
- 60 g de beurre
- 1 cuil. de farine
- 1 verre de vin rouge
- 1 verre d'eau
- 1 bouquet garni
- 6 pommes de terre
- sel

Faire dégorger le mou, à l'eau tiède pendant 1 heure puis le mettre dans l'eau froide pendant encore 1 heure. Egoutter. Couper le mou en morceaux, les mettre dans l'eau froide salée et cuire 1/2 heure.
Dans une casserole, mettre le beurre et la farine et laisser colorer. Ajouter le vin et l'eau, le bouquet garni, les morceaux de mou et les pommes de terre épluchées et lavées.
Porter à ébullition et laisser mijoter 1/2 heure.

Veau au valençay

- 1 jarret coupé en rondelles
- 1 cuil. de farine
- 50 g de beurre ou de matière grasse
- 2 échalotes
- 1 bouteille de vin rouge
- sel, poivre

Faire revenir les morceaux de jarret dans la matière grasse. Saler. Poivrer. Fariner.
Verser le vin rouge. Ajouter l'échalote hachée.
Couvrir. Porter à ébullition puis laisser cuire à feu doux pendant 2 heures.

Saucisses au chou

- 8 saucisses
- 60 g de beurre
- 2 cuil. de farine
- 2 verres d'eau
- 1 chou blanc frisé
- herbes
- sel, poivre

Piquer les saucisses. Les faire poêler dans le beurre. Les retirer.
Dans la poêle ajouter la farine. Laisser colorer. Ajouter l'eau. Assaisonner. Faire bouillir.
Nettoyer le chou. Le couper. Le cuire à l'eau pendant 1/2 heure. L'égoutter. Le mettre dans la sauce et le laisser 1/2 heure avec les saucisses.

Variante : on peut faire la même chose avec des crépinettes.

Jambon au porto

- 4 tranches de jambon
- 20 g de beurre
- 1 verre de porto
- 100 g de champignons de Paris
- 4 cuil. de crème
- sel, poivre

Faire revenir le jambon à la poêle dans le beurre. Retirer et réserver dans un plat. Mettre les champignons dans la poêle et les faire revenir. Les mettre avec le jambon et réserver au chaud dans le four ouvert.
Verser dans la poêle 1 verre de porto. Cuire 5 minutes et ajouter la crème. Saler. Poivrer. Bien mélanger. Chauffer doucement pendant une minute et verser cette sauce dans le plat sur le jambon.

Petit salé aux lentilles

- 1 kg de petit salé
- 250 g de lentilles vertes
- 4 carottes
- 2 oignons piqués de 2 clous de girofle
- 1 bouquet garni
- 1 oignon
- 2 noix de beurre

Tremper les lentilles pendant 2 heures dans l'eau froide.
Faire dessaler le porc pendant 24 heures.
Dans un récipient, cuire la viande avec 2 carottes et un oignon piqué de 2 clous de girofle dans l'eau pendant 1 heure 30.
Dans un autre récipient, démarrer les lentilles à l'eau froide avec 2 carottes, 1 oignon pique de 2 clous de girofle et le bouquet garni. Cuire pendant 20 minutes.
Puis dans une sauteuse, faire revenir 1 oignon dans une noix de beurre. Ajouter les lentilles égouttées. Mijoter 15 minutes. Ajouter le petit-salé égoutté. Mettre le reste du beurre. Mijoter encore 15 minutes.

Petit salé au chou

- 1 kg de petit salé
- 1 chou blanc frisé
- 1 bouquet garni

Laisser tremper 24 heures la viande pour la dessaler et retirer.
Nettoyer le chou. Le couper en quatre. Le mettre dans une marmite avec le petit salé et le bouquet garni. Bien recouvrir d'eau. Laisser cuire 2 heures.

Jambon au blanc de Crésancy

- 4 tranches de jambon cru
- 20 g de beurre
- 1 échalote
- 1 cuil. de farine
- 2 verres de vin blanc sec
- 1 dl de crème fraîche

Faire cuire les tranches de jambon à feu vif avec le beurre pendant 5 minutes, les retourner. Réserver dans un plat au chaud.

Faire revenir l'échalote hachée. Mettre la farine dans la poêle avec le beurre restant. Mouiller avec le vin blanc. Cuire un moment pour que la sauce épaississe. Ajouter la crème. Bien mélanger à feu doux. Napper.

Chou farci

- 1 chou
- 400 g de chair à saucisse
- 10 g de beurre
- sel, poivre

Nettoyer le chou. Le recouvrir largement d'eau froide. Chauffer, arrêter dès le début de l'ébullition et égoutter le chou.

Dans une cocotte, faire fondre le beurre.

Placer une couche de feuilles de chou, saler un peu, placer une couche de chair à saucisse assaisonnée et recommencer.

Cuire à feu doux pendant 2 heures.

Jarret de porc aux haricots rouges

- 1 jarret
- 250 g de haricots rouges
- 1 bouquet garni
- 1 oignon
- sel, poivre

Faire tremper les haricots pendant une nuit.
Dans un faitout, mettre les haricots égouttés, le bouquet garni, l'oignon, le sel, le poivre. Couvrir d'eau froide. Ajouter la viande. Couvrir.
Porter à ébullition puis laisser cuire doucement pendant 2 heures.
Lorsque légumes et viande sont cuits, découper le jarret en morceaux et servir entourés des haricots rouges.

Rôti de porc au lait

- 1 kg de filet
- 20 g de beurre
- 1 branche de thym
- 1 feuille de laurier
- 1/2 l de lait légèrement salé
- sel, poivre

Faire colorer la viande dans une poêle avec le beurre.
Saler. Poivrer. La mettre dans un plat qui va au four. Verser le lait. Ajouter thym, laurier.
Cuire pendant 1 heure.

Jambonneau aux navets et cidre

- 1 jambonneau salé ou demi-sel
- 1,5 kg de petits navets
- 40 g de beurre
- 2 oignons
- 4 tranches de jambon de pays
- 1 gousse d'ail
- 1 cuil. de sucre
- 2 pincées de cannelle
- 1 pincée de muscade
- cidre
- sel, poivre

Faire dessaler le jambonneau pendant une nuit.
Dans une cocotte, faire revenir les oignons émincés avec le beurre. Sur les oignons, déposer la moitié des navets épluchés, puis le jambonneau, le jambon de pays et le reste des navets.
Assaisonner sans mettre trop de sel. Mouiller avec le cidre. Couvrir. Mettre au four moyen pendant 2 heures.

Tomates farcies

- 2 tomates par personne
- 60 g de chair à saucisse par tomate
- 5 g de beurre
- sel

Prendre des tomates moyennes. Enlever un rond au-dessus. Creuser. Dans le fond des tomates, mettre une noix de beurre, du sel. Remplir avec la chair à saucisse assaisonnée. Mettre le plat au four et cuire pendant 2 heures.

Daube de pieds de cochon

- 2 pieds de cochon
- 400 g de poitrine salée
- 3 carottes
- 4 oignons
- quelques couennes
- 1 bouteille de vin rouge de Menetou Salon
- thym
- laurier
- 1/2 verre de marc
- sel, poivre

Dans une cocotte, sur le feu, faire fondre la poitrine salée taillée en petits morceaux. Ajouter les carottes et les oignons également taillés en petits morceaux. Pendant ce temps-là, ébouillanter les pieds de cochon. Les rafraîchir à l'eau froide. Les couper en 2 dans le sens de la longueur.
Les disposer dans la cocotte. Flamber au marc. Arroser copieusement de vin rouge. Ajouter thym, laurier. Saler. Poivrer.
Laisser mijoter et cuire au four 4 à 5 heures.

Gigot d'agneau

- 1 gigot
- 3 ou 4 gousses d'ail
- 2 ou 3 cuil. d'huile
- sel, poivre

Mettre le gigot piqué d'ail dans un plat allant au four. Le badigeonner d'huile. Saler. Poivrer.
Ajouter un peu d'eau dans le fond du plat.
Commencer la cuisson à four bien chaud (1/4 d'heure par livre).
Au cours de la cuisson, retourner le gigot. Bien vérifier la sauce et ajouter de l'eau si besoin.

Ragoût d'agneau

- 1 épaule coupée en morceaux
- 50 g de beurre
- 1 pincée de sucre en poudre
- 2 cuil. de farine
- 1 l d'eau tiède
- 3 brins de persil
- thym
- 2 gousses d'ail
- 1 feuille de laurier
- 5 pommes de terre
- 5 carottes
- 5 navets
- sel, poivre

Mettre dans une cocotte le beurre et le laisser fondre. Faire colorer les morceaux d'agneau. Ajouter une bonne pincée de sucre en poudre pour donner de la couleur au ragoût. Saupoudrer la viande de farine et remuer jusqu'à ce qu'elle soit brune.

Verser l'eau. Ajouter le sel, le poivre, le bouquet garni et l'ail. Laisser mijoter 1 heure. Ajouter les légumes coupés en gros morceaux et laisser mijoter encore 1 heure.

Cassette du Berry

- 1 gigot d'agneau de 1,5 kg
- 2 kg de pommes de terre
- 1 l de bouillon de poule ou de pot-au-feu
- 3 gousses d'ail
- 20 g de beurre
- sel, poivre

Couper les pommes de terre en tranches fines de 3 mm environ et les étaler dans un plat en terre bien beurré, « la cassette ». Saler. Poivrer.

Mouiller avec le bouillon, à hauteur. Disposer dessus le gigot piqué d'ail.

Mettre à four chaud pendant 2 heures.

Côtes de mouton Champvallon

- 8 côtes découvertes de mouton
- 2 kg de pommes de terre à ragoût
- 1 oignon
- 1 gousse d'ail
- bouillon de pot au feu ou de poule
- thym
- 1 feuille de laurier

Faire revenir à la poêle les côtes de mouton. Mettre de côté quand elles sont bien dorées.
Couper l'oignon en tranches fines ainsi que les pommes de terre. Les mélanger et mettre la moitié dans un plat creux fortement beurré, avec l'ail haché.
Ranger dessus les côtes de mouton. Recouvrir avec le reste de pommes de terre. Saler. Poivrer. Mouiller à hauteur avec le bouillon ou de l'eau. Ajouter thym et laurier. Cuire au four 1 heure 30 à 2 heures.

Poule au riz

- 1 poule
- 50 g de beurre
- 3 échalotes
- 200 g de riz
- sel, poivre

Couper la poule en morceaux. Faire revenir dans le beurre avec les échalotes. Couvrir avec de l'eau. Assaisonner. Porter à ébullition et laisser bouillotter pendant 1 heure 30. Ajouter le riz et laisser cuire encore 1/2 heure.

Poulet à la cocotte

- 1 poulet
- 30 g de beurre
- 150 g de poitrine de porc
- 3 oignons moyens
- 3 verres de vin blanc de Pouilly
- 1 verre d'eau
- 1 bouquet garni
- 500 g de pommes de terre
- sel, poivre

Dans une cocotte, faire revenir dans le beurre la poitrine coupée en morceaux et les oignons. Retirer et réserver. À la place, mettre le poulet et le faire dorer doucement. Ajouter le vin et l'eau. Saler. Poivrer. Laisser mijoter 1/2 heure. Remettre le lard, les oignons et le bouquet garni. Ajouter les pommes de terre coupées en quartiers. Couvrir. Porter à ébullition puis cuire à feu doux pendant 1 heure 30.

Poulet en ragoût

- 1 poulet
- 1 oignon
- 1 l d'eau
- 5 pommes de terre
- 4 carottes
- 2 navets
- 1 échalote
- 2 cuil. de farine
- 100 g de beurre
- 1 pincée de sucre en poudre
- sel, poivre

Couper le poulet en morceaux. Le faire revenir dans la moitié du beurre, à la cocotte avec un oignon coupé. Saler. Poivrer. Ajouter le bouquet garni, l'eau. Laisser cuire 1 heure. Ajouter les légumes coupés. Cuire encore 1 heure.

Mettre dans une poêle le reste du beurre, la farine, une pincée de sucre en poudre. Faire colorer en tournant. Ajouter 2 verres de bouillon de cuisson. Verser dans la cocotte. Porter à ébullition et servir.

Jau en barbouille

- 1 poulet découpé
- 50 g de beurre
- 2 carottes
- 1 poignée de petits oignons blancs
- 4 échalotes
- 1 grosse cuil. de farine
- 1 verre à liqueur d'eau-de-vie de marc
- 1 bouteille de vin rouge
- le sang du poulet
- 1 bouquet garni
- sel, poivre

Faire rissoler les morceaux de poulet dans le beurre. Ajouter carottes, oignons et échalotes. Flamber à l'eau-de-vie de marc. Saupoudrer de farine. Verser le vin rouge (Sancerre, Quincy ou Chateaumeillant). Ajouter le bouquet garni. Fermer la cocotte et cuire au four pendant au moins 1 heure 30. En fin de cuisson, ajouter le sang pour lier la sauce.

Poulet à la crème

- 1 poulet
- 1 gros oignon
- 1 feuille de laurier
- 30 g de beurre
- 4 verres d'eau
- 1/2 l de crème
- 4 jaunes d'œuf
- sel, poivre

Couper le poulet en morceaux. Faire colorer dans une sauteuse les morceaux de poulet avec l'oignon émincé. Saupoudrer de farine. Laisser blondir en remuant. Verser l'eau. Saler. Poivrer. Ajouter la feuille de laurier. Couvrir la sauteuse et cuire à feu doux pendant 45 minutes. Retirer la viande. L'égoutter et la maintenir au chaud dans un plat creux.

Faire réduire le jus de cuisson. Battre les jaunes d'œuf dans la crème. Verser dans le jus. Monter en température sans faire bouillir. Filtrer cette sauce sur la viande.

Coq au vin rouge de Bué

- 1 coq
- 1 bouteille de vin rouge de Bué
- 1 bouquet garni
- 2 carottes en rondelles
- 1 verre à liqueur de cognac
- 1/2 verre de vinaigre
- 200 g de poitrine de porc, fumée et coupée
- 2 fois 20 g de beurre
- 2 cuil. de farine
- sel, poivre
- le sang du coq

Couper le coq en morceaux. Préparer une marinade avec le vin, le cognac, le vinaigre, les carottes et le bouquet garni. Laisser tremper les morceaux dans la marinade pendant une nuit.

Le lendemain, retirer les morceaux de coq, les égoutter et les sécher. Les faire revenir dans le beurre à feu vif. Saupoudrer de farine.

Remuer jusqu'à ce qu'elle roussisse. Verser la marinade filtrée. Saler. Poivrer. Laisser cuire à feu réduit pendant 2 heures. Ajouter les lardons revenus dans le beurre.

Laisser mijoter 1/2 heure. Ajouter le sang du coq et laisser mijoter 1/2 heure.

Friture de Loire

- 1 friture
- farine

Vider les poissons en pressant simplement le ventre. Les écailler sous l'eau. Essuyer. Rouler dans la farine. Cuire dans la friture bien chaude pendant quelques minutes. Égoutter et servir.

Blancs de poireaux au jambon

- 6 blancs de poireaux
- 6 tranches de jambon

Pour la béchamel :
- 40 g de beurre
- 40 g de farine
- 1/2 l de lait
- 50 g de crottin de chèvre
- sel, poivre

Réaliser une sauce béchamel. Faire fondre le beurre. Ajouter la farine et délayer. Faire un roux blanc. Ajouter le lait tiède quand le roux devient mousseux. Cuire à feu doux en tournant jusqu'à ce que la sauce épaississe. Ajouter la moitié du crottin en copeaux. Saler et poivrer.

Laver les blancs de poireaux. Les cuire dans l'eau salée pendant 40 minutes. Egoutter. Enrouler chaque blanc de poireau dans une tranche de jambon. Les placer dans un plat à four beurré.

Verser la béchamel et terminer en saupoudrant du reste de fromage râpé.

Merlans au sancerre blanc

- 4 merlans
- 1 feuille de laurier
- 1 brin de thym
- sel, poivre
- 1/2 bouteille de vin de sancerre blanc

Nettoyer les poissons. Les mettre dans un plat allant au four. Saler. Poivrer. Placer sur chaque poisson un peu de thym et de laurier. Verser le vin blanc.

Cuire à four moyen pendant 20 à 30 minutes.

Canard aux navets

- 1 canard
- 60 g de beurre
- 1 verre à liqueur d'eau-de-vie
- 1 verre de vin blanc
- 1/2 l de bouillon
- 1 tomate
- 1 bouquet garni
- 1 livre de navets
- 1 poignée de petits oignons
- sel, poivre

Pour la farce :
- 1 foie de canard
- 1 foie de poulet
- 100 g de poitrine de porc
- 1 tranche de jambon
- 1 œuf
- 2 échalotes
- la mie de pain d'une tartine
- 1 verre de lait
- 30 g de beurre
- sel, poivre

Faire dorer le canard dans une cocotte avec la moitié du beurre. Flamber à l'eau-de-vie. Verser le vin. Laisser réduire. Verser le bouillon. Ajouter le bouquet garni, une tomate écrasée, le sel et le poivre. Couvrir. Laisser mijoter 1 heure.

Préparer la farce. Hacher ensemble puis mélanger les foies, la poitrine, le jambon, les échalotes, la mie de pain trempée dans du lait tiède. Ajouter l'œuf et assaisonner. Bien mélanger et faire revenir dans l'autre moitié du beurre. Farcir le canard.

Nettoyer, éplucher, laver et couper les navets. Les faire colorer dans le beurre avec les oignons. Mettre dans la cocotte. Repartir pour une cuisson d'1 heure.

Sur le plat de service, présenter le canard découpé, la farce taillée en tranches et les navets.

Arroser l'ensemble de la sauce dégraissée.

Canard farci au boudin noir

- 1 canard
- 250 g de boudin noir
- 1 dizaine de noisettes
- 1 verre à liqueur d'eau-de-vie de prune
- 50 g de beurre
- 20 cl de crème
- 1 œuf
- cannelle

Réaliser une farce avec le boudin noir, le jaune d'œuf, les noisettes, la moitié de l'eau-de-vie et une cuillère de crème. Ajouter un peu de cannelle et de poivre. Farcir le canard et le recoudre.

Le faire rôtir avec 25 g de beurre pendant environ 1 heure. Dégraisser le plat de cuisson. Verser la crème. La faire bouillir jusqu'à ce qu'elle devienne nappante. Assaisonner. Incorporer les 25 g de beurre restant et le reste de l'eau-de-vie.

Lapin au four

- 1 lapin
- 1/2 verre de moutarde
- 30 g de beurre
- 2 oignons émincés
- 1 verre de madère
- sel, poivre

Saler et poivrer le lapin. L'enduire largement de moutarde de tous les côtés. Laisser reposer.

Faire revenir le lapin dans le beurre. Lorsqu'il est bien doré, ajouter les oignons. Mettre au four pendant 2 heures avec toujours un peu d'eau au fond du plat pendant toute la cuisson.

En fin de cuisson, verser un verre de madère.

Ragoût de lapin au vin blanc de Menetou

- 1 lapin découpé
- 250 g de poitrine coupée en lardons
- 50 g de beurre
- 1 poignée de petits oignons
- 1 bouquet garni
- 2 cuil. de farine
- 2 verres de vin blanc de Menetou Salon
- 2 verres de bouillon
- 100 g de champignons
- persil haché
- sel, poivre

Faire revenir dans la cocotte, les lardons et les oignons dans 30 g de beurre. Retirer et réserver. Mettre à la place les morceaux de lapin. Bien les faire dorer. Assaisonner. Saupoudrer de farine. Laisser roussir en remuant. Verser le vin et le bouillon. Remettre les lardons et les oignons. Ajouter le bouquet garni. Laisser mijoter une petite heure. À la fin de la cuisson, ajouter les champignons sautés dans 20 g de beurre. Saupoudrer de persil haché.

Pigeon aux petits pois

- 2 jeunes pigeons
- 100 g de poitrine en lardons
- 2 oignons en rondelles
- 50 g de beurre
- 1 cuil. de farine
- 2 verres de bouillon
- 1 bouquet garni
- 3 verres de petits pois écossés
- sel, poivre

Faire colorer les lardons dans le beurre, les retirer et les remplacer par les oignons, puis par les pigeons. Retirer et réserver dans une casserole. Verser de la farine sur le beurre restant. Remuer. Mouiller avec le bouillon. Bien mélanger. Verser sur la viande. Saler. Poivrer. Ajouter le bouquet garni et les petits pois. Couvrir et laisser bouillotter 45 minutes.

Lapin au sang et aux pruneaux

- 1 lapin coupé en morceaux
- 200 g de poitrine fumée coupée en lardons
- 2 oignons
- 30 g de beurre
- 1 cuil. de farine
- 1 verre de sang du lapin
- 10 cl de crème fraîche
- 300 g de pruneaux
- sel, poivre

Pour la marinade :

- 1 bouteille de vin rouge de Chaudoux
- 1 verre à liqueur de cognac
- 2 carottes coupées en rondelles
- 1 bouquet garni

Préparer une marinade avec le vin, le cognac et les herbes. Laisser tremper les morceaux pendant une nuit.

Le lendemain, retirer les morceaux de lapin, les égoutter et les essuyer. Faire blondir les oignons et les lardons dans le beurre et réserver. Remplacer par le lapin. Faire colorer. Saupoudrer de farine. Faire roussir en remuant.

Verser la marinade filtrée. Saler. Poivrer. Remettre les lardons et les oignons.

Couvrir et laisser mijoter une petite heure.

Pendant ce temps, plonger les pruneaux dans l'eau bouillante et les laisser tremper 1 heure hors du feu.

Ajouter les pruneaux à la viande.

Laisser mijoter 1/4 d'heure. Mélanger le sang et la crème. Verser doucement dans la sauce en remuant. Laisser épaissir sans bouillir.

Carpe farcie à l'oseille

- 1 belle carpe
- 2 grosses poignées d'oseille
- 20 g de beurre
- 150 g de champignons de Paris émincés
- 1 poignée de mie de pain trempée dans du lait
- 1 œuf dur
- sel, poivre
- 3 verres de vin blanc

Nettoyer, écailler, vider la carpe. Ouvrir et retirer l'arête centrale.

Préparer la farce : Faire dorer les champignons dans le beurre. Les retirer. Remplacer par l'oseille. La faire fondre. Mélanger champignons, oseille, mie de pain, œuf dur émietté, sel, poivre.

Farcir la carpe. Recoudre. Placer le poisson dans un plat bien beurré. Verser le vin blanc. Mettre à four chaud pendant 45 minutes. Arroser au cours de la cuisson.

Harengs salés

- 1 ou 2 harengs par personne
- farine

Faire dessaler les harengs à l'eau froide pendant 2 ou 3 jours en renouvelant souvent l'eau.

À la fin, les essuyer. Poser sur un gril chaud. Retourner à mi-cuisson : 3 ou 4 minutes de chaque côté. Mettre un filet de vinaigre dans l'assiette.

Civet d'yeuve

- 1 lièvre
- 1 bouteille de Sancerre rouge
- 100 g de poitrine fraîche
- 1 gros oignon coupé en quatre
- 1 carottes en rondelles
- 1 gousse d'ail écrasée
- 1 bouquet garni
- 1 verre d'eau-de-vie
- 2 cuil. d'huile
- le sang du lièvre
- sel, poivre

Découper le lièvre en morceaux. Préparer une marinade avec le vin, l'oignon, la gousse d'ail, la carotte, le bouquet garni, l'eau-de-vie, l'huile, le sel et le poivre. Laisser tremper les morceaux une nuit.

Le lendemain, égoutter et sécher les morceaux, les fariner et les faire revenir dans le beurre avec les lardons. Mouiller avec la marinade filtrée. Laisser mijoter 1 heure 30. Ajouter le sang vinaigré. Laisser cuire encore pendant 1 heure. Servir entouré de croûtons frottés à l'ail.

Harengs frais

- 1 ou 2 harengs par personne
- farine
- huile
- sel

Vider, nettoyer et laver les harengs. Les sécher et les fariner. Les cuire dans une poêle contenant un bon centimètre d'huile. Les déposer quand l'huile est bien chaude. Retourner à mi-cuisson.

Il faut 3 ou 4 minutes de chaque côté selon la grosseur du poisson. Saler.

Perdrix au chou

- 1 perdrix
- 1 chou blanc frisé
- 150 g de poitrine
- 1 petit saucisson cru
- 75 g de saindoux
- 3 cuil. de crème
- 2 carottes
- 1 oignon piqué de 2 clous de girofle
- 1 bouquet garni
- sel, poivre
- 1/2 l de bouillon
- 1 cuil. de farine
- 10 g de beurre

Couper le chou en quatre. Enlever le trognon et les grosses côtes. Le faire bouillir dans l'eau salée pendant 1/4 d'heure. Rafraîchir.

Faire colorer la perdrix et les lardons dans un peu de saindoux chaud. Enlever. Rajouter un peu de saindoux dans la cocotte. Étaler la moitié du chou assaisonné. Mettre la perdrix par-dessus avec les carottes en rondelles. Recouvrir avec la moitié du chou restant. Placer dessus le lard, le saucisson et l'oignon. Ajouter le reste du chou, la graisse et le bouillon. Porter à ébullition. Recouvrir de papier « à beurre » (sulfurisé). Couvrir. Cuire doucement au four 1 heure 30 à 2 heures.

Pour servir, placer les choux au fond de plat, poser la perdrix découpée, les lardons, les rondelles de saucisson, les carottes. Lier le jus de la cocotte avec le mélange beurre-farine. Servir en saucière.

Filet de chevreuil

- 1 filet de chevreuil
- 100 g de beurre
- 1 oignon émincé
- 1 gousse d'ail pelée
- 1 verre de sauvignon de Reigny
- sel, poivre

Faire blondir l'oignon dans une poêle avec du beurre. Ajouter l'ail. Retirer et réserver. Faire revenir la viande puis la mettre dans un plat à four. Verser le vin blanc dans la poêle pour récupérer les sucs. Verser sur la viande avec les oignons et l'ail. Parsemer la viande de morceaux de beurre. Assaisonner. Cuire au four 45 minutes. Retourner en cours de cuisson et vérifier la sauce. Ajouter un peu d'eau s'il le faut.

Gigue de chevreuil à la façon de cousine Denise

- 1 gigue de chevreuil
- 1 bouteille de Sancerre blanc
- 1 bouquet garni
- 2 oignons coupés en 4
- 2 carottes en rondelles
- 2 échalotes
- 1 gousse d'ail
- 1 verre d'huile
- 1/2 verre de vinaigre
- 100 g de farine
- 100 g de beurre
- sel, poivre

Préparer la marinade avec le vin, le bouquet garni, les oignons, les carottes, les échalotes, la gousse d'ail, le verre d'huile et le vinaigre. Laisser mariner la gigue une nuit pour une bête jeune. Le lendemain, sortir la viande, l'égoutter, l'essuyer. Bien faire rissoler de tous les côtés. Assaisonner. Saupoudrer de farine. Remuer. Ajouter la marinade filtrée et réchauffée. Faire cuire 5 minutes doucement. Poursuivre la cuisson au four de 1 heure 30 à 2 heures.

Anguille en matelote

- 1 grosse anguille
- 50 g de beurre
- 150 g de poitrine
- 1 poignée de petits oignons blancs
- 1 verre à liqueur d'alcool de prune
- 2 cuil. de farine
- 1 bouteille de vin rouge
- 1 bouquet garni
- 2 gousses d'ail
- sel, poivre
- 1 petite boîte de champignons de Paris

Couper l'anguille en morceaux. Faire revenir l'anguille dans le beurre avec les lardons et les oignons. Verser l'eau-de-vie et flamber. Retirer tout. Saupoudrer de farine le fond de la sauteuse. Verser le vin rouge et porter à ébullition. Ajouter le bouquet garni, l'ail en chemise, le sel et le poivre. Laisser réduire à feu doux en remuant. Ôter le bouquet et l'ail. Remettre l'anguille, les lardons et les oignons. Ajouter les champignons de Paris. Laisser mijoter 10 minutes. Servir entouré de croûtons frits.

Dinde de Noël farcie

- 1 dinde
- 500 g de hachis de porc
- 2 œufs
- 750 g de châtaignes
- 1 verre de cognac
- 1/2 verre de bouillon
- 1 cuil. de farine
- 250 g de beurre
- sel, poivre

Démarrer les châtaignes à l'eau froide salée. Les cuire et les éplucher (enlever les deux peaux).

Prendre une dizaine de châtaignes, les mélanger avec la chair à saucisses, les œufs, le foie haché de la dinde. Faire revenir le mélange dans le beurre. Saupoudrer de farine. Verser le bouillon. Saler. Poivrer. Ajouter le cognac. La farce doit être épaisse.

Farcir la dinde. Recoudre.
Badigeonner la dinde de beurre, puis la mettre au four moyen pendant 2 à 4 heures suivant la grosseur. Tout au long de la cuisson, badigeonner la dinde de beurre fondu. Arroser souvent. La tourner pour dorer chaque face. Ne pas laisser brûler la sauce. Ajouter un peu d'eau de temps en temps.

Morue de Pâques

- 600 g de morue
- 6 pommes de terre
- 20 g de beurre
- 3 gousses d'ail
- persil
- 3 cuil. de crème
- 1 verre de lait

Faire dessaler la morue dans l'eau froide au moins pendant 12 heures, en changeant l'eau plusieurs fois. Bien la nettoyer et la couper en morceaux. La mettre dans une casserole, couvrir d'eau froide, monter à ébullition. Couvrir. Laisser dans l'eau pendant 1/2 heure.
Pendant ce temps, précuire les pommes de terre à l'eau salée pendant 20 minutes. Les éplucher et les couper en rondelles. Dans un plat bien beurré et aillé, mettre une couche de morue émiettée, un peu d'ail haché, une couche de pommes de terre, du persil, de la crème et recommencer. Pour terminer, verser le lait. Saupoudrer de persil. Passer au four moyen pendant 10 minutes.

Maquereaux grillés

- 1 maquereau par personne
- 2 cuil. à soupe d'huile pour 4 maquereaux
- 2 cuil. de persil haché
- 100 g de beurre
- 1 jus de citron
- sel, poivre

Nettoyer les maquereaux. Les essuyer. Les badigeonner d'huile et les poser sur le gril. Les retourner 2 fois pendant la cuisson qui dure une dizaine de minutes.

Pétrir le beurre avec le sel, le poivre et le persil haché. Poser ce beurre dans un plat et poser dessus les maquereaux cuits. Ajouter un jus de citron.

Truite pochée

- 4 truites moyennes
- 125 g de beurre
- 1 citron
- 1 court-bouillon

Pour le court-bouillon :

- 3 l d'eau
- 1 grand verre de vinaigre
- 2 oignons moyens
- 2 échalotes
- 2 carottes
- 1 bouquet garni
- 1 cuil. à café de poivre en grains
- 3 cuil. à soupe de gros sel

Dans un grand récipient, préparer un court-bouillon et le laisser bouillotter pendant 1 heure.

Prendre les truites vivantes. Frapper la tête sur le rebord de la table puis les vider, les laver et les jeter dans le court-bouillon bouillant.

A la reprise de l'ébullition, laisser pocher 4 à 5 minutes. Bien égoutter. Servir avec un beurre fondu présenté en saucière et quelques rondelles de citron.

Truite au beurre

- 4 truites
- 1 verre de lait
- 4 cuil. à soupe de farine
- 125 g de beurre
- sel, poivre
- persil haché
- 1 citron

Vider, écailler, couper les nageoires des truites. Les laver, les essuyer. Les tremper dans le lait froid puis les fariner.

Dans une poêle, les mettre à cuire dans le beurre bien chaud pendant 15 minutes. Au cours de la cuisson, les retourner, saler et poivrer. Bien les faire dorer de chaque côté.

Présenter sur un plat chaud, les arroser du beurre brûlant puis saupoudrer de persil haché. Garnir de rondelles de citron.

Cabillaud poêlé

- 1 tranche de cabillaud par personne
- 1 jus de citron
- sel, poivre
- 1 verre de lait
- 2 cuil. de farine
- 50 g de beurre

Passer les tranches de cabillaud dans du lait puis dans la farine.

Chauffer dans une poêle un bon morceau de beurre. Mettre à cuire les tranches de poisson. Les retourner au cours de la cuisson, 5 à 6 minutes de chaque côté. Saler. Poivrer.

Ajouter un jus de citron en fin de cuisson.

Lapin au sancerre rouge

- 1 lapin
- 50 g de beurre
- 125 g de lardons
- 100 g d'oignons
- 1/2 bouteille de sancerre rouge
- 2 cuil. à soupe de farine
- 1 ail
- 500 g de pommes de terre
- sel, poivre

Découper le lapin en morceaux et les faire revenir dans le beurre. Ajouter les lardons et les oignons. Lorsque tout est bien bruni, saupoudrer de farine. Ajouter l'ail haché, le sel, le poivre et cuire 5 minutes. Verser le vin rouge, couvrir et cuire pendant environ 40 minutes.
Ajouter les pommes de terre et remettre à cuire pendant 20 minutes.

Poulet frit

- 1 œuf
- 1 cuil. à soupe d'huile d'olive
- 1 cuil. à soupe d'eau
- blancs de poulet rôti
- chapelure
- persil
- sel, poivre

Dans un plat, battre ensemble l'œuf, l'huile d'olive, l'eau, le sel et le poivre. Tremper les blancs de poulet coupés en deux dans le mélange puis les rouler dans la chapelure. Frire dans la friture chaude.
Décorer avec des brins de persil frit.

Filet mignon en tranches

- 1 filet mignon de porc de 600 g environ
- 1 œuf
- mie de pain émiettée en chapelure fine
- persil
- sel, poivre

Couper le filet frais en 6 tranches. Les tremper dans un œuf battu, puis les rouler dans la mie de pain rassise et émiettée très fin. Saler. Poivrer. Saupoudrer de persil finement haché.
Cuire au gril pendant 15 minutes. Déguster avec une salade verte.

Gras-double à l'échalote

- 1 tranche de gras-double par personne
- 2 échalotes
- 50 g de beurre
- persil
- sel
- vinaigre de cidre

Dans une poêle, faire blondir dans le beurre, les échalotes ciselées. Les réserver.
A la place, mettre les tranches de gras double, les faire dorer à feu moyen. En fin de cuisson, remettre les échalotes, saler, saupoudrer de persil haché. Terminer avec un filet de vinaigre de cidre.

Boudin de carpe de Brenne au sancerre

- 1 carpe d'1,2 kg
- 2 blancs d'œuf
- 500 g de crème fraîche
- sel, poivre
- muscade
- 1 bouteille de sancerre rouge
- 150 g d'échalote
- 100 g de beurre

Lever les filets de carpe et retirer la peau. Broyer la chair et la passer au tamis.

Incorporer les blancs d'œuf, la crème fraîche, le sel, le poivre, la muscade et réserver au frais.

Confectionner un fumet au vin rouge avec l'arête de la carpe, la moitié du sancerre, l'échalote ciselée finement et laisser cuire 30 minutes avant de passer.

Réduire le fumet obtenu, verser le reste du vin et réduire à nouveau pour qu'il reste seulement un verre de jus.

Pendant cette réduction, confectionner les boudins de carpe et les faire pocher à l'eau frémissante pendant 15 minutes.

Après réduction du jus, ajouter le beurre en petits morceaux. Déposer les boudins de carpe sur un plat et verser la sauce au sancerre dessus.

Accompagner d'une tombée d'épinards ou julienne de légumes.

Friture de goujons panés

- 800 g environ de goujons
- 3 tranches de pain de mie de préférence un peu rassis
- 2 œufs
- farine
- huile de friture
- sel, poivre

Écroûter le pain de mie et l'émietter finement dans un plat creux. Laver les goujons, les éponger et les frotter dans un peu de farine, juste pour les sécher. Les saler. Casser les œufs dans un plat creux, ajouter un peu d'eau et fouetter avec une fourchette. Passer les goujons d'abord dans les œufs, puis dans la mie de pain, deux fois de suite, puis essuyer la tête et la queue pour les mettre à nu.
Plonger les goujons ainsi panés « en manchons » dans la friture et les faire dorer. Les égoutter, saler et poivrer.

Filets de sandre aux lentilles

- 1 kg de filets de sandre
- 250 g de lentilles vertes du Berry
- 1/2 bouteille de reuilly rouge
- 100 g d'échalote
- 100 g de beurre
- 200 g de poireaux

Faire suer les poireaux et les échalotes dans la moitié du beurre. Ajouter les lentilles et mettre trois fois leur volume d'eau. Porter à ébullition et laisser cuire à feu doux pendant 25 minutes. Faire pocher 5 minutes le sandre dans le vin rouge. Décanter et faire réduire la cuisson au 3/4, monter la sauce au beurre restant.
Égoutter les lentilles, les mettre dans un plat. Poser les filets de sandre dessus, napper de sauce.

Bonbons, desserts et confitures

Tarte aux pommes

- 6 à 8 pommes
- 20 g de beurre
- 2 œufs
- 2 cuil. de sucre

Pour la pâte feuilletée :
- 250 g de farine
- 200 g de beurre
- 1 verre d'eau
- 1 cuil. à café de sel

Préparer la pâte. Verser la farine sur la planche. Creuser une fontaine. Y mettre le sel et 1/2 verre d'eau. Délayer à la cuillère en bois. Ajouter le reste de l'eau et pétrir l'ensemble. On obtient la « détrempe » qui doit avoir la même consistance que le beurre. Laisser reposer 10 minutes au frais. Étendre la détrempe. Déposer le beurre au centre. Humecter les bords et les rabattre au centre pour emprisonner le beurre.

Étaler la pâte au rouleau, le beurre ne doit pas s'échapper. La plier en trois, l'étaler à nouveau, le rouleau étant placé perpendiculairement à la pliure. C'est ce que l'on appelle « donner un tour ». Donner un deuxième tour et la laisser reposer 20 minutes au frais.

Recommencer deux fois l'opération précédente. La pâte a 6 tours et peut être employée.

Étaler la pâte et garnir un moule à tarte. Couvrir avec de fines tranches de pommes en les superposant. Parsemer de petits dés de beurre. Couvrir avec les œufs battus et sucrés. Dorer les bords au jaune d'œuf. Cuire à four chaud pendant 25 à 30 minutes.

Tarte à la rhubarbe

- 1 kg de rhubarbe
- 200 g de sucre
- 1 verre de rhum
- 50 g de beurre

Pour la pâte brisée :
- 250 g de farine
- 125 g de beurre
- 1 cuil. à café de sel
- 1 verre d'eau

Préparer la pâte brisée. Placer la farine sur la planche. Couper le beurre en tous petits morceaux et le mélanger à la farine. Faire un puits. Y ajouter le sel et l'eau. Pétrir rapidement pour obtenir une pâte. Faire une boule. Peler les tiges de rhubarbe et les couper en morceaux. Les faire mariner 2 heures avec le sucre et le rhum. Réserver quelques morceaux. Cuire le reste à feu doux dans une casserole avec le beurre pendant 1/2 heure. Laisser refroidir.

Étaler la pâte et garnir un moule à tarte. Étendre la compote de rhubarbe et décorer avec les morceaux réservés. Cuire au four chaud pendant 30 minutes.

Marmelade de prunes

- 1 kg de reines-claudes ou autre variété de prunes
- sucre en poudre
- 1 verre d'eau

Laver et dénoyauter les prunes. Les mettre dans une casserole avec un verre d'eau. Cuire à feu doux pendant 20 minutes en tournant assez souvent avec une cuillère en bois pour les mettre en marmelade.

Sucrer en fin de cuisson selon son goût.

Tarte aux prunes reines-claudes

- 750 g de prunes
- 1 jaune d'œuf
- 2 cuil. de sucre

Pour la pâte feuilletée :

- 250 g de farine
- 250 g de beurre
- 1 verre d'eau
- 1 cuil. à café de sel

Dans une jatte verser la farine et creuser un puits. Verser l'eau progressivement en mélangeant rapidement la farine de façon à former une boule. Laisser reposer 20 minutes au frais.

Abaisser la pâte et en son centre déposer le beurre et aplatir au rouleau. Enfermer le beurre en repliant les côtés par-dessus. Abaisser de nouveau la pâte en un rectangle qu'il faudra plier en 3 afin d'obtenir un carré.

Recommencer cette opération 2 fois de suite. Laisser reposer 20 minutes. Refaire le même pliage 2 fois de suite puis laisser reposer 10 minutes.

Étaler la pâte et en garnir un moule à tarte. Dénoyauter les prunes.

Couvrir la pâte avec les fruits dénoyautés en les serrant bien.

Saupoudrer de sucre avant d'enfourner. Dorer les bords au jaune d'œuf.

Cuire à four chaud pendant 25 à 30 minutes.

Variantes : on peut utiliser aussi des mirabelles. La tarte aux cerises se fait également de la même façon.
Pour faire une tarte aux pruneaux, cuire les pruneaux dans une infusion de thé et les dénoyauter avant de les répartir sur la pâte.

Brioche au beurre

- 500 g de farine
- 1 bonne pincée de sel
- 4 à 5 œufs
- 25 g de levure de boulanger
- 2 cuil. de sucre
- 200 à 250 g de beurre
- 1/2 verre de lait

Dans une terrine, mettre la farine, le sel, les œufs. Mélanger. Ajouter le beurre fondu et la levure délayée dans un 1/2 verre de lait tiède. Pétrir. Couvrir d'un torchon. Laisser reposer une nuit dans un endroit chaud. Étaler la pâte. La plier en trois. Laisser reposer une heure. Recommencer l'opération jusqu'à 4 fois.
Mettre dans un moule jusqu'à mi-hauteur, couvrir d'un torchon et laisser reposer jusqu'à ce que la pâte remplisse le moule.
Cuire à four moyen pendant 25 minutes.

Tarte à la compote de pommes

- 1 fond de pâte feuilletée
- 8 pommes
- 20 g de beurre
- 50 g de sucre
- 1 sachet de sucre vanillé
- 1 jaune d'œuf

Éplucher, couper les pommes et les faire cuire avec le beurre, le sucre et un peu d'eau. Écraser et ajouter le sucre vanillé.

Foncer un moule à tarte avec la pâte feuilletée en laissant déborder la pâte. Garnir de compote. de pommes

Terminer en coupant les restes de pâte en lanières avec lesquelles on fabrique un quadrillage sur la tarte.

Dorer au jaune d'œuf. Cuire à four chaud 25 à 30 minutes.

Variante : on peut utiliser aussi de la pâte brisée et décorer la compote de fines tranches de pomme.

Madeleines

Pour 10 à 12 gâteaux :
- 4 œufs
- 125 g de sucre en poudre
- 1 cuil. à café d'eau de fleur d'oranger
- 125 g de farine
- 125 g de beurre

Dans une terrine, battre les œufs et le sucre en poudre. Lorsque le mélange a blanchi, ajouter l'eau de fleur d'oranger et la farine en pluie, puis le beurre fondu, filtré à la passoire et encore tiède. Beurrer les moules à madeleine. Les remplir. Cuire à four moyen pendant 25 minutes. Démouler sur une grille.

Tarte aux fraises

- 750 g de fraises
- 3 cuil. à soupe de gelée de groseilles

Pour la pâte sablée :
- 250 g de farine
- 125 g de sucre en poudre
- 125 g de beurre
- 1 pincée de sel fin
- 1 œuf

Préparer la pâte sablée. Dans une terrine, mettre le sucre, l'œuf et le sel. Bien mélanger à la spatule. Ajouter la farine d'un seul coup et travailler l'ensemble pour obtenir un mélange qui ressemble à du sable. Mettre le beurre en petits morceaux. Pétrir à la main pour obtenir une pâte lisse. Faire une boule.

Étaler la pâte sur 4 mm d'épaisseur environ. Garnir un moule à tarte, piquer le fond à la fourchette et faire cuire à cru, pendant 20 à 25 minutes, dans un four chaud. Sur la pâte cuite, placer les fraises crues. Arroser d'un sirop fait avec la gelée de groseilles et un peu d'eau.

Tarte à la bouillie

- 1/2 l de lait
- 2 cuil. de farine
- 50 g de sucre
- 20 g de beurre
- 1 jaune d'œuf

Pour la pâte brisée :
- 250 g de farine
- 125 g de beurre
- 1 pincée de sel
- 1 verre d'eau

Préparer la pâte brisée. Placer la farine sur la planche. Couper le beurre en tous petits morceaux et le mélanger à la farine. Faire un puits. Y ajouter le sel et l'eau. Pétrir rapidement pour obtenir une pâte. Faire une boule.

Pour préparer la bouillie, délayer doucement la farine avec le lait afin d'éviter les grumeaux. Ajouter le sucre et le beurre. Cuire à feu doux jusqu'à ce que la crème épaississe. Laisser refroidir. Lier avec un jaune d'œuf.

Étaler la pâte et garnir un moule à tarte.

Verser et étendre la bouillie sur la pâte et cuire à four chaud pendant 25 minutes.

Quatre-quarts

- 125 g de sucre
- 125 g de beurre
- 125 g de farine
- 3 œufs
- 1 jus de citron

Battre les jaunes d'œuf avec le sucre. Mélanger avec le jus de citron puis le beurre fondu. Verser petit à petit la farine dans le mélange. Ajouter les blancs battus en neige. Verser dans un moule beurré et fariné.

Cuire à four moyen pendant 25 à 30 minutes.

Pâté aux poires ou poirat

- 500 g de pâte brisée
- 6 à 8 poires
- 3 cuil. de sucre
- 1 jaune d'œuf

Éplucher et épépiner les poires. Les couper en tranches. Faire macérer dans le sucre.
Étaler la pâte brisée pour faire un rond. Couvrir la moitié de la pâte avec les fruits. Mouiller les bords. Rabattre la pâte et coller. Dorer au jaune d'œuf. Faire des cheminées à la partie supérieure. Cuire à four moyen 35 à 40 minutes.

Gâteau aux poires flambées

- 4 belles poires, bisserettes par exemple
- 180 g de boudoirs
- 75 g de sucre
- 1 paquet de sucre vanillé
- 100 g de beurre
- 3 cuil. à soupe d'eau-de-vie

Éplucher, épépiner et émincer les poires. Dans un plat à gratin bien beurré, alterner une couche de poires, une couche de sucre, une couche de boudoirs écrasés. Arroser avec 100 g de beurre fondu. Cuire 20 minutes à feu doux. Verser l'eau-de-vie et flamber.

Compote de rhubarbe

- 4 ou 5 beaux bâtons de rhubarbe
- 250 g de sucre
- 1 verre d'eau

Eplucher, laver, essuyer et couper les tiges de rhubarbe en morceaux de 2 à 3 cm de longueur.
Préparer un sirop avec le sucre et l'eau et porter à ébullition. Plonger les fruits dedans et les maintenir dans le sirop frémissant jusqu'à cuisson des fruits. Placer les fruits égouttés dans un compotier. Faire bouillir le sirop jusqu'à réduction à un verre. Verser sur les fruits.

Choux à la crème

Pour la préparation des choux :

- 1 bon verre de lait froid
- 100 g de beurre
- 125 g de farine
- 1 cuil. à café de sucre
- 1 pincée de sel
- 4 œufs
- sucre glace

Pour la préparation de la crème :

- 4 œufs
- 15 g de beurre
- 125 g de sucre

Préparer les choux. Mettre dans une casserole le lait, le beurre, le sucre et le sel. Porter à ébullition. Hors du feu, ajouter d'un seul coup la farine et tourner avec une cuillère en bois. Remettre le mélange à feu doux, en tournant continuellement pour dessécher la pâte qui forme une boule qui n'adhère plus à la casserole. Hors du feu, incorporer les œufs un à un en travaillant la pâte. Sur une tôle beurrée, placer des petits tas de pâte.
Laisser reposer 20 minutes avant de mettre à four modéré pendant 30 minutes.

- 60 g de farine
- 2 bons verres de lait
- vanille

Préparer la crème pâtissière. Dans une casserole, mélanger les œufs, le sucre, le beurre et la farine. Délayer avec le lait vanillé. Cuire à feu doux en remuant sans arrêt jusqu'à ébullition. Laisser refroidir.
Pratiquer un trou sur le côté de chaque chou refroidi avec la pointe d'un couteau. Mettre la crème dans une poche à douille et remplir les choux. Saupoudrer de sucre glace.

Pets de nonnes

- 1 bon verre de lait froid ou d'eau
- 100 g de beurre
- 125 g de farine
- 1 cuil. à café de sucre
- 1 pincée de sel
- 4 œufs
- sucre glace

Mettre dans une casserole le lait ou l'eau, le beurre, le sucre et le sel. Porter à ébullition. Hors du feu, ajouter d'un seul coup la farine et tourner avec une cuillère en bois. Remettre le mélange à feu doux, en tournant continuellement pour dessécher la pâte qui forme une boule qui n'adhère plus à la casserole. Hors du feu, incorporer les œufs un à un en travaillant la pâte. Laisser reposer 1 heure. Faire glisser dans une friture moyennement chaude, la valeur d'une cuillère à café de pâte. Laisser cuire à feu doux, en retournant au cours de la cuisson. La pâte double de volume. Retirer quand est elle bien dorée. Egoutter. Servir chaud après avoir saupoudré de sucre glace.

Baba au rhum

- 250 g de farine
- 10 g de levure de boulanger
- 1 verre + 3 cuil. à soupe de lait
- 3 œufs
- 75 g de beurre
- 1 cuil. de sucre
- 1 pincée de sel

Pour le sirop :
- 500g de sucre pour 1 l d'eau
- 1/4 l de rhum

Mettre la farine dans une terrine. Faire une fontaine dans laquelle on met la levure délayée dans 3 cuillères à soupe de lait tiède. Tourner avec le bout des doigts et incorporer un peu de farine. Rabattre encore un peu de farine sur cette bouillie. Laisser reposer jusqu'à la formation de crevasses. Ajouter alors les œufs et le reste du lait. Mélanger à la spatule et travailler la pâte à la main. Laisser reposer, couvert d'un torchon, dans un endroit tiède jusqu'à ce que la pâte double de volume.

Mélanger le beurre fondu, le sucre, le sel et incorporer à la pâte. Bien la travailler. Remplir à moitié un moule en couronne, beurré. Laisser pousser la pâte au chaud recouvert d'un torchon jusqu'à ce que le moule soit plein. Cuire à four moyen 35 à 40 minutes. Démouler dans un plat creux.

Faire un sirop léger en faisant fondre et bouillir pendant au moins 10 minutes le sucre dans l'eau. Retirer du feu et ajouter le rhum. Arroser le gâteau avec ce sirop bouillant. Laisser refroidir en arrosant souvent.

Mousse au chocolat

- 125 g de chocolat
- 3 œufs
- 50 g de beurre
- 1 pincée de sel

Faire fondre le chocolat et le beurre au bain marie. Hors du feu, ajouter les jaunes d'œuf battus. Mettre une pincée de sel dans les blancs et les monter en neige. Incorporer délicatement au chocolat. Servir après avoir bien fait refroidir.

Charlotte au chocolat

- 300 g de biscuits à la cuillère
- 1 bol de café très fort
- 1 petit verre de rhum
- mousse au chocolat

Préparer la mousse au chocolat.
Tremper les biscuits dans le mélange café-rhum puis tapisser le fond et les bords d'un moule.
À l'intérieur déposer une couche de mousse au chocolat puis alterner biscuits et mousse. Terminer par des biscuits.
Mettre au frais pendant 24 heures. Démouler juste avant de servir.

Moka

- 4 œufs
- 125 g de sucre
- 125 g de farine
- 60 g de beurre

Pour la crème :

- 1/2 verre de café très fort
- 125 g de sucre
- 4 jaunes d'œuf
- 250 g de beurre

Préparer la génoise. Dans une terrine, fouetter les œufs et le sucre. Ajouter doucement la farine. Mélanger. Ajouter le beurre fondu tiède. Mélanger pour obtenir une pâte homogène. Remplir aux 2/3 un moule à manqué beurré et fariné. Cuire à four modéré pendant 30 minutes. Le laisser bien refroidir.

Préparer la crème au beurre. Dans une casserole, mettre le café noir très fort avec le sucre. Laisser dissoudre et faire bouillir 2 minutes. Dans un bol, battre les jaunes d'œuf et verser le café sucré dessus doucement tout en remuant. Remettre le tout dans la casserole. Cuire doucement à feu doux jusqu'à la liaison de la crème. Laisser tiédir en remuant souvent. Ajouter le beurre coupé en morceaux. Bien battre.

Terminer le moka en coupant la génoise en trois rondelles. Étaler la crème au beurre sur chaque rondelle. Les empiler les unes sur les autres. Tartiner tout le gâteau d'une couche de crème. Terminer avec un décor fait avec une fourchette. Mettre au frais pour durcir la crème.

Gâteau aux crougnons d'pain

- 200 g de pain rassis
- 0,75 l de lait
- 50 g de sucre
- 3 œufs
- 100 g de raisins secs
- 1 verre à liqueur de rhum
- 100 g de sucre pour le caramel

Émincer le pain en fines tranches. Le faire tremper dans le lait tiède sucré. Laisser gonfler pour que le pain absorbe tout le liquide. Incorporer les œufs et mélanger bien la préparation. Ajouter les raisins secs qui ont trempé dans le rhum et mélanger.

Mettre les 100g de sucre dans un moule à charlotte métallique avec un peu d'eau. Chauffer à feu vif pour obtenir un caramel assez brun. Chemiser le moule avec ce caramel et laisser refroidir. Verser la préparation dans le moule. Tasser bien. Mettre à four modéré pendant 25 à 30 minutes.

Pain perdu

- 4 tartines de pain rassis
- 1 verre de lait
- 1 œuf
- quelques gouttes de fleur d'oranger
- 30 g de beurre
- 2 cuil. de sucre en poudre ou cristallisé

Battre l'œuf à la fourchette avec le lait et quelques gouttes de fleur d'oranger. Tremper les tranches de pain dans cette préparation pour bien les imprégner. Faire chauffer le beurre dans une poêle. Y mettre les tranches et les faire dorer de chaque côté. Retirer, saupoudrer de sucre et manger encore chaud.

Beignets des « Brand'lons »

- 1 kg de farine
- 1 pincée de sel
- 50 g de sucre
- 60 g de levure de boulanger
- 125 g de beurre
- 1/4 l de lait tiède
- 6 œufs

Mettre la farine dans une terrine avec le sel, le sucre, les œufs légèrement battus, le beurre fondu, la levure qui a gonflé dans un peu de lait tiède, le reste du lait. Bien pétrir pour avoir une boule de pâte assez ferme. Laisser reposer plusieurs heures dans un récipient assez grand couvert d'un torchon.

Placer dans un endroit chaud. La pâte doit doubler de volume.

Couper la pâte en gros bâtons de 20 cm environ. Laisser gonfler encore une heure. Coller les deux extrémités avec les doigts pour faire une petite couronne.

Plonger dans la friture chaude. Lorsque les beignets ont une belle teinte dorée les retirer, les égoutter et les tremper dans une assiette de sucre.

Les déguster tièdes ou froids. On peut aussi ne pas les sucrer en fin de cuisson.

Sanciaux aux pommes

- 150 g de farine
- 2 œufs
- 1 pincée de sel
- 1 verre de lait
- huile
- 6 cuil. à soupe de sucre
- 4 belles pommes

Dans une terrine, mettre la farine, les œufs, le lait, le sel et 2 cuillères de sucre. Bien mélanger pour obtenir une pâte lisse. Ajouter les pommes épluchées et coupées en taillons. Bien mélanger pour que les pommes soient bien enrobées.

Dans une poêle, faire chauffer l'huile. Verser une petite louchée de préparation. Laisser dorer des deux côtés. Egoutter. Saupoudrer de sucre dans l'assiette. Manger chaud.

Variante : le sanciau se fait aussi nature, sans pommes dedans.

Pommes au four

- 4 pommes
- 30 g de beurre
- 4 cuil. à café de gelée de groseilles
- 1 cuil. à soupe de sucre

Laver et évider les pommes. Les mettre dans un plat à four. À la place du trognon, mettre un peu de beurre et 1 cuillère à café de gelée de groseille. Saupoudrer de sucre. Mettre quelques dés de beurre sur chaque pomme et un peu d'eau au fond du plat. Cuire à four modéré pendant 45 minutes.

Meringues

Pour une douzaine de meringues :
- 2 blancs d'œuf
- 100 g de sucre en poudre
- 1 pincée de sel
- 10 g de beurre

Ajouter une pincée de sel dans les blancs et les monter en neige bien ferme. Toujours en battant, ajouter doucement le sucre en poudre. Sur une tôle beurrée, placer des petits tas de préparation. Sécher à four très doux pendant une heure. Ne pas laisser colorer.

Variante : pour faire des meringues aux noix, prendre du sucre glace et le mélanger aux blancs d'œuf dans un récipient mis au bain-marie en battant énergiquement pour obtenir une préparation épaisse et mousseuse. Laisser refroidir en continuant à battre et incorporer 100 g de poudre de noix.

Œufs au lait

- 1 l de lait
- 1 gousse de vanille coupée en deux
- 6 œufs
- 100 g de sucre
- 15 morceaux de sucre

Faire bouillir le lait avec la vanille. L'enlever. Battre les œufs dans le sucre pour les blanchir. Verser le lait bouillant sur le mélange.

Caraméliser un plat à four avec le sucre en morceaux légèrement mouillé d'eau. Recouvrir avec le mélange. Cuire à four doux pendant 30 minutes.

Gâteau de riz

- 125 g de riz
- 1/2 l de lait
- 1 gousse de vanille coupée en deux
- 60 g de sucre
- 2 œufs
- 1 pincée de sel

Faire infuser la vanille dans le lait bouillant. La retirer. Cuire le riz dans le lait avec 20 g de sucre. Saler légèrement.

Après cuisson, laisser un peu refroidir. Mélanger le riz et les œufs battus.

Avec le reste du sucre, faire caramétiser un moule. Verser le riz. Cuire à four moyen pendant 1/2 heure. Démouler sur un plat.

Variante : on procède de la même façon pour faire un gâteau de semoule. Ajouter en plus une poignée de raisins secs trempés dans de l'eau-de-vie.

Pruneaux au vin

- 500 g de pruneaux
- 50 g de sucre
- 1 sachet de sucre vanillé
- 1/2 l de vin rouge de Sancerre ou de Menetou

Mettre le mélange pruneaux, sucre, vin dans une casserole. Porter doucement à ébullition et laisser bouillotter très doucement jusqu'à ce que le liquide devienne sirupeux.

Confiture de vieux garçon à la façon de Guy

- framboises
- fraises des bois
- groseilles
- cassis
- mûres
- cerises
- 1 l d'eau-de-vie de prunes
- 150 g de sucre
- 1/2 l d'eau

Dans un bocal de 2 litres, mettre, au fur et à mesure de la cueillette des fruits, framboises, fraises, groseilles, cassis, cerises, mûres, que l'on recouvrira d'eau-de-vie. Laisser macérer pendant 1 mois.
Faire un sirop avec le sucre et l'eau. Laisser refroidir ce sirop avant de l'ajouter à la préparation. Laisser reposer encore plusieurs mois avant de consommer.

Palets de dame Thérèse

- 125 g de beurre
- 125 g de sucre
- 125 g de farine
- 2 œufs
- 60 g de raisins secs
- 1 cuil. à soupe de rhum
- 1 pincée de sel

Commencer la recette en utilisant une terrine réchauffée. Triturer le beurre afin d'obtenir une pommade. Ajouter le sucre. Tourner énergiquement pour obtenir une mousse blanche et légère. Procéder de la même manière en ajoutant les œufs à température de la pièce, puis la farine en pluie, les raisins, le rhum, le sel.
Beurrer une plaque. Y déposer des noix de pâte bien espacées. Cuire à four assez chaud pendant 6 minutes.

Gâteau aux « calons » d'la Solange

- 250 g de farine
- 250 g de sucre
- 3 œufs
- 2 cuil. de crème fraîche
- 250 g de raisins secs
- 250 g de cerneaux de noix
- 10 g de beurre

Hacher grossièrement les cerneaux de noix. Dans une terrine, mettre la farine. Faire un puits. Y mettre les œufs battus avec le sucre, la crème fraîche. Mélanger pour obtenir une pâte lisse. Ajouter les cerneaux de noix et les raisins secs. Mélanger. Verser dans un moule en couronne beurré. Mettre à four moyen pendant 1 heure. Laisser refroidir le gâteau. Le présenter en tranches fines.

Poires au vin

- 4 poires
- 50 g de sucre
- 1 sachet de sucre vanillé
- 1/2 l de vin rouge de Menetou ou Sancerre
- 1 verre à liqueur de crème de cassis

Porter le vin, le cassis et le sucre à ébullition. Pocher dans ce jus les poires épluchées, coupées en deux et épépinées. Laisser cuire à feu doux pendant 15 minutes. Retirer les fruits. Laisser bouillir doucement le jus pour qu'il épaississe. Napper alors les poires.

Gâteau pommes et noix

- 4 pommes
- 250 g de farine
- 300 g de sucre
- 2 œufs
- 150 ml d'huile
- 1 sachet de levure
- un peu de vanille en poudre
- 2 pincées de sel
- 100 g de noix concassées
- 10 g de beurre

Dans un saladier, mélanger les pommes coupées en dés et le sucre.
Dans un autre, travailler les œufs, l'huile, la farine et la levure. Bien mélanger pour obtenir une pâte lisse. Ajouter les pommes et les noix. Verser dans un moule beurré.
Faire cuire à four moyen pendant 1 heure environ.
Démouler à chaud.

Petits gâteaux à la piau d'lait

- 125 g de farine
- 100 g de sucre
- 1 pincée de bicarbonate de soude
- 1 pincée de sel
- 1 œuf
- 10 cl de peau de lait récupérée sur du lait bouilli
- 1 jaune d'œuf

Dans une terrine, mettre la farine. Ajouter tous les ingrédients et bien mélanger pour obtenir une pâte. Étaler la pâte au rouleau afin d'obtenir une épaisseur de 8 à 10 mm. Avec un verre couper des ronds. Dorer au jaune d'œuf.
Mettre sur une plaque et cuire à four moyen de 10 à 15 minutes.

Clafoutis berrichon

- 4 cuil. de farine
- 4 cuil. de sucre
- 3 œufs
- 1 pincée de sel
- 1 verre de lait tiède
- 500 g de cerises dénoyautées
- 10 g de beurre

Mettre dans une terrine la farine, le sel, le sucre, les œufs battus, le lait tiède. Mélanger doucement pour obtenir une pâte sans grumeaux. Ajouter les cerises dénoyautées à cette pâte. Bien mélanger. Verser le mélange dans un plat à gratin beurré. Cuire à four moyen pendant 30 à 35 minutes.

Variante : on peut remplacer les cerises par des prunes.

Pain d'épice de la tante Camille

- 250 g de farine
- 125 g de sucre
- 125 g de miel
- 1 cuil. de bicarbonate de soude
- 1 verre de lait ou d'eau

Mélanger le miel et le sucre puis délayer avec le lait bouillant. Dans une terrine mélanger la farine et le bicarbonate de soude et verser le liquide pour obtenir une pâte qui reste assez liquide. Beurrer un moule et verser la préparation qui ne devra pas en remplir plus de la moitié. Cuire une bonne heure à four moyen. Démouler au sortir du four. Laisser refroidir et rassir au moins une nuit.

Crème du père Michel

- 1 l de lait
- 250 g de sucre
- 8 œufs
- 75 g de sucre semoule
- 1 pincée de sel
- 1 cuillère à café de jus de citron

Faire un premier caramel avec 150 g de sucre dans une casserole. Arrêter la cuisson lorsqu'il devient brun clair. Ajouter le lait chaud petit à petit en remuant bien pour dissoudre le caramel complètement.

Dans une terrine, mettre les jaunes d'œuf et les délayer avec le lait caramélisé. Verser dans la casserole et remettre sur le feu assez doux en tournant toujours jusqu'à épaississement de la crème. Arrêter la cuisson quand la crème nappe la cuillère. Ne pas arriver à l'ébullition. Verser dans une grande coupe de service.

Battre la moitié des blancs d'œuf en neige bien ferme après avoir mis une pincée de sel. Incorporer petit à petit le sucre semoule en continuant de fouetter pour obtenir la meringue.

Déposer des cuillères de meringue directement au-dessus de la crème encore chaude.

Faire un deuxième caramel avec le reste du sucre, une goutte d'eau et le jus de citron. Lorsque le caramel sera blond, arrêter la cuisson et verser rapidement en filet sur la meringue.

Mettre au frais.

Caramels de ma mère

- 250 g de sucre semoule
- 125 g de crème
- 125 g de beurre
- 2 cuil. à soupe de miel

Prendre une grande casserole et y mettre tous les ingrédients. Cuire à feu moyen, tout en mélangeant avec une spatule pour obtenir un sirop homogène. Attention, quand le sirop est bouillant, il monte dans la casserole pour redescendre ensuite. Continuer à cuire, le sirop s'épaissit. Pour savoir quand arrêter la cuisson, verser une goutte de ce sirop dans de l'eau froide et avec les doigts la rouler pour en faire une petite boule assez ferme, qui ne doit pas se désagréger. Verser sans attendre sur un marbre que l'on aura huilé abondamment, à l'intérieur d'une surface délimitée par quatre règles métalliques elles-mêmes huilées. Laisser refroidir et couper en petits carrés.

Bolée de fraises à la saoulaude

- 1 bol de fraises bien mûres
- 2 cuil. de sucre en poudre
- 1 verre de sancerre rouge

Laver et équeuter les fraises. Egoutter. Les mettre dans un bol avec 2 cuillères de sucre en poudre. Laisser macérer 15 à 30 minutes. Arroser les fraises d'un verre de sancerre rouge avant de servir. De cette façon, les fraises ne donnent pas d'urticaire.

Gelée de coings

- coings
- sucre en poudre ou cristallisé
- eau

Éplucher les coings. Les couper en tranches. Garder l'intérieur avec les pépins que l'on enfermera dans un chiffon pour aider à la formation de la gelée. Mettre le tout dans le chaudron à confiture et recouvrir d'eau froide. Faire cuire pendant une heure environ.
Égoutter pour recueillir le jus. Peser et ajouter le même poids en sucre. Porter à ébullition. Laisser bouillonner jusqu'à formation de la gelée. Verser quelques gouttes sur une assiette froide pour apprécier la prise de la gelée. Mettre en pot sans attendre. Il est possible d'ajouter quelques tranches de fruits dans les pots de gelée.

Beignets de Carnaval

Pour 30 à 40 pièces :
- 350 g de farine
- 60 g de beurre
- 60 g de sucre en poudre
- 1 cuil. à soupe de cognac
- 1/2 verre d'eau
- 3 œufs
- 1 zeste de citron râpé

Dans une terrine, mettre la farine, faire une fontaine. Dans cette fontaine, mélanger le beurre mou, le sucre en poudre, le cognac, l'eau, les œufs, le sel et le zeste d'un citron râpé. Incorporer la farine sans pétrir.
Fraiser deux fois la pâte en écrasant et poussant la pâte devant soi avec la paume de la main pour la rendre lisse.

- sucre glace
- 1 pincée de sel

Ramasser la pâte en boule, la couvrir d'un linge humide et laisser reposer au moins 1 heure.
Etendre la pâte au rouleau le plus finement possible sur une planche farinée. Découper à l'emporte-pièce pour obtenir des formes variées (ou avec un verre).
Faire dorer dans la friture chaude. Egoutter. Saupoudrer de sucre glace.

Petites galettes au beurre

- 500 g de farine
- 250 g de beurre
- 1 pincée de sel
- 1/2 verre d'eau
- 1 cuil. à soupe de sucre en poudre
- 1 œuf
- 1 jaune d'œuf pour la dorure

Dans une terrine, mettre la farine et faire un puits au milieu. Y mettre le beurre coupé en dés, le sel, le sucre et l'eau. Bien mélanger et pétrir à la main.
Faire une boule et laisser reposer 45 minutes.
Aplatir au rouleau jusqu'à 8 mm d'épaisseur environ. Couper des rondelles avec un verre. Faire un quadrillage sur le dessus avec la pointe du couteau. Dorer au jaune d'œuf. Mettre sur une plaque beurrée. Cuire à four chaud pendant 20 minutes.
Ces galettes se servent chaudes avec un café.

Confiture de gratte-cul

- 1 kg de purée de fruits
- 1 kg de sucre
- vin blanc

Les fruits de l'églantier sont bons à cueillir fin octobre. Couper les fruits aux deux extrémités en enlevant la tige et la partie noire. Fendre les fruits en deux dans le sens de la longueur.
Dans une terrine, mettre les fruits avec du vin blanc jusqu'à mi-hauteur.
Laisser fermenter à la cave pendant une semaine en remuant tous les jours avec une spatule en bois.
Faire cuire le tout dans une bassine à confiture pendant une heure à feu doux. Si le mélange est trop épais, ajouter du vin. Surveiller la cuisson.
Lorsque les fruits sont cuits, les passer dans une passoire fine en écrasant au pilon.
Remettre dans la bassine la purée rouge avec le même poids de sucre cristallisé.
Chauffer jusqu'à ébullition.
Mettre tout de suite en pots.

Confiture de tomates vertes

- 1 kg de tomates vertes
- 1 kg de sucre cristallisé
- 2 verres d'eau
- 1 gousse de vanille

Couper les tomates en petits quartiers. Les mettre dans une bassine à confiture en mélangeant avec le sucre cristallisé. Ajouter l'eau. Laisser fondre à feu doux pendant 20 à 30 minutes.
Cuire doucement avec une gousse de vanille coupée en deux, en remuant, jusqu'à la nappe.
Retirer la vanille. Mettre en pots.

Gouèron aux pommes

- 250 g de farine
- 4 cuil. de sucre
- 2 œufs
- 1 pincée de sel
- 1 verre de lait tiède
- 2 cuil. de cognac
- 500 g de pommes, craverts par exemple
- 60 g de beurre
- 1 sachet de levure

Laisser macérer dans le cognac les pommes pelées et coupées en tranches.
Mettre dans une terrine la farine, la levure, le sel, le sucre, les œufs battus et verser le lait tiède dans lequel vous aurez fait fondre 50 g de beurre en mélangeant soigneusement.
Ajouter les pommes à cette pâte. Bien mélanger.
Verser le mélange dans un plat à gratin beurré.
Cuire à four moyen pendant 35 à 45 minutes.

Beugnons aux pommes

- 300 g de farine
- un peu de lait
- 70 g de sucre
- 1 pincée de sel
- 4 œufs
- 1 cuil. d'huile de noix
- 3 pommes
- sucre glace pour saupoudrer

Réserver les blancs d'œuf et mélanger tous les ingrédients pour obtenir une pâte assez épaisse. Laisser reposer 2 heures, ajouter alors les blancs battus en neige ferme. Incorporer à la pâte les pommes coupées en rondelles. Plonger une rondelle de pomme imprégnée de pâte et faire cuire à grande friture. Une fois égouttés, les beugnons doivent être saupoudrés de sucre glace.

Poires Bourdaloue

- 4 poires Williams
- 100 g de sucre en morceaux

Pour la crème pâtissière :

- 80 g de sucre en poudre
- 50 g de farine
- 1/2 l de lait
- 4 jaunes d'œuf
- 50 g d'amandes effilées
- 1 bâton de vanille

Dans une casserole, verser 50 cl d'eau et le sucre. Laisser fondre à feu doux, pour préparer un sirop. Éplucher et laver les poires, les plonger dans le sirop, laisser cuire à petit feu 20 minutes. Retirer la casserole, laisser les poires refroidir dans le sirop. Préparer la crème pâtissière : dans une casserole, faire bouillir le lait avec la vanille. Dans une terrine, fouetter les jaunes d'œuf avec le sucre pour obtenir un mélange bien mousseux. Incorporer alors la farine tout en fouettant. Verser le lait chaud et remettre sur le feu en fouettant jusqu'à ébullition. Retirer du feu et laisser refroidir. Égoutter les poires et les dresser sur un plat de service. Les napper de crème pâtissière et décorer avec les amandes effilées.

Variante : on peut utiliser aussi des pêches, abricots, figues...

Croquets aux amandes

- 150 g de farine
- 60 g de beurre
- 80 g de sucre
- 75 g d'amandes entières non épluchées
- 1 œuf entier
- 1 pincée de sel
- 1 zeste de citron
- 1/2 cuil. à café de levure en poudre

Pétrir le tout ensemble à pleines mains, sans autre liquide que l'œuf pour obtenir une pâte ferme.
La hacher alors grossièrement avec un grand couteau pour que les amandes se trouvent un peu coupées, puis ramasser la pâte et la rouler à deux mains sur la planche légèrement farinée pour lui donner la forme d'un gros boudin ; placer ce boudin de pâte sur le milieu d'une tôle beurrée et l'aplatir un peu en forme de dos-d'âne, c'est-à-dire plus épaisse au milieu qu'aux deux bords.
Dorer le dessus à l'œuf, le rayer avec la fourchette pour le quadriller, et cuire à four moyen.
Quand le gâteau est cuit et refroidi, le couper en travers en morceaux de la grosseur du doigt.

Confiture de prunes aux pommes

- 600 g de prunes dénoyautées
- 400 g de pommes
- 1 kg de sucre cristallisé
- 3 grands verres d'eau

Mettez le sucre et trois grands verres d'eau dans la bassine à confitures. Faites chauffer doucement jusqu'à ce que le sucre soit au perlé. Versez alors les prunes dénoyautées et coupées en deux, et les pommes épluchées et coupées en lamelles. Laissez cuire dans le sirop, en remuant pendant 10 minutes environ. Retirez les fruits, mettez-les dans une passoire et laissez égoutter le jus.

Faites concentrer ce jus jusqu'à ce qu'il forme une gelée.

A ce moment, remettez les fruits, remuez et faites bouillir quelques minutes. Laissez reposer hors du feu et mettez en pots lorsque la confiture est tiède.

Palets au miel

- 250 g de beurre
- 4 œufs
- 150 g de sucre
- 250 g de farine
- 3 cuil. de rhum
- 100 g de miel

Mélanger farine, sucre, miel, œufs, beurre ramolli et rhum jusqu'à obtention d'une pâte lisse.

Sur une plaque, disposer des petits tas de pâte de la grosseur d'une noix qui s'étaleront lors de la cuisson.

Mettre à four chaud 15 minutes. Décoller et laisser refroidir. A conserver dans une boîte métallique.

Boissons

Vin chaud

- 1 bouteille de vin rouge
- 30 morceaux de sucre
- 2 ou 3 rondelles d'orange ou citron
- 1 pincée de cannelle
- 1 morceau de gousse de vanille

Mettre tous les ingrédients dans une casserole. Chauffer mais ne pas faire bouillir. Retirer du feu lorsque la surface devient blanche.
Servir bien chaud dans un verre.

Vin de noix à la façon de Claudine

- 25 noix vertes cueillies à la Saint-Jean
- 6 l de vin rouge corsé (12° - 13°)
- 1 l d'eau-de-vie
- 1 kg de sucre
- 1 sachet de sucre vanillé

Cueillir des noix vertes aux environs du 24 juin.
Choisir les plus belles. Couper les noix en quatre et les mettre dans une bonbonne avec tous les ingrédients.
Laisser macérer au frais, dans une cave en remuant de temps en temps.
À la Toussaint, filtrer ce vin de noix et le mettre en bouteilles. Conserver comme un autre vin.
Ce vin a tendance à faire du dépôt aussi il faut refiltrer chaque bouteille que l'on prend en cours d'année.

Vin de cassis de Claudine

- 1 verre de grains de cassis
- 1 feuille de cassis
- 1 verre de sucre en poudre ou cristallisé
- 1 verre d'eau-de-vie
- 1 bouteille de vin rouge corsé

Dans un litre, mettre les grains de cassis, la feuille, le sucre, l'eau-de-vie et compléter avec le vin. Laisser macérer au moins 2 mois en remuant de temps en temps. Filtrer pour obtenir le vin de cassis.

Variante : on peut faire une deuxième « pissée » en remettant les cassis dans un litre avec, à nouveau, tous les ingrédients.

Liqueur de cassis

- 1 kg de grains de cassis
- 2 l d'eau-de-vie
- 1,5 kg de sucre
- 2 pincées de cannelle
- 2 clous de girofle
- 1 l d'eau

Dans un bocal mettre le cassis, l'eau-de-vie, la cannelle et les clous de girofle. Fermer et laisser macérer pendant 1 à 2 mois.
Presser dans un torchon pour ne récupérer que le jus. Faire un sirop avec le sucre et l'eau et mélanger au jus récupéré. Mettre en carafe.

Variante : on peut aussi obtenir une liqueur en utilisant des framboises et en procédant de la même manière. On peut même mélanger cassis et framboises.

Lait de poule du grand-père Maurice

- 1 bol de lait
- 1 cuil. à soupe de miel
- 1 verre de porto
- 1 œuf

Dans un bol, verser le lait bouillant. Sucrer avec le miel. Ajouter le porto et le jaune d'œuf ou l'œuf en entier, après l'avoir battu. Fouetter et déguster le plus chaud possible.

Ce remède était utilisé autrefois pour chasser la grippe, le rhume ou la bronchite et aussi comme fortifiant.

Cerises à l'eau-de-vie

- cerises acides
- 1/2 l d'eau-de-vie de prunes
- 1 gousse de vanille
- 1 clou de girofle
- 100 g de sucre
- 1/2 l d'eau

Choisir de belles cerises. Les laver. Couper les queues à 2 cm environ. Les sécher et remplir un bocal d'un litre. Ajouter l'eau-de-vie de prunes pour couvrir. Laisser macérer de 1 à 2 mois. Faire un sirop avec le sucre et l'eau. Arrêter l'ébullition lorsque le sirop est réduit de moitié. Laisser refroidir avant de l'ajouter aux cerises. Patienter encore au moins 1 mois avant de consommer.

« Roûtie » des mariés

1 bouteille
e vin blanc
20 morceaux
e sucre
1 sachet
e sucre vanillé
1 pincée
e cannelle
1 plaque
e chocolat noir
quelques
euilles de papier
cigarette

Faire fondre le chocolat et en faire de petits tas dans un pot de chambre neuf, en céramique. Mettre aussi du chocolat sur les feuilles de papier à cigarette qui seront pliées et jetées dans le pot.

Dans une casserole, chauffer le vin avec les sucres et la cannelle sans le faire bouillir. Puis verser dans le pot et le porter bien vite aux jeunes mariés qui sont priés de boire directement au vase. Le vase leur est laissé en souvenir.

Pruneaux à l'eau-de-vie

1 kg de
runeaux tendres
1 bouteille
'eau-de-vie
e prunes
150 g de sucre
1/2 l d'eau

Dans un bocal, mettre les pruneaux et les recouvrir avec l'eau-de-vie. Laisser macérer pendant un mois minimum. Les pruneaux gonflent.

Faire un sirop avec le sucre et l'eau. Poursuivre l'ébullition pour avoir un sirop moyennement épais. Ajouter ce sirop refroidi dans le bocal et laisser reposer encore 1 mois.

Vin de feuilles de pêcher

- 60 feuilles de pêcher
- 1 verre d'eau de vie de prunes
- 1 l de vin blanc
- 12 morceaux de sucre

Mettre les feuilles de pêcher dans un bocal avec l'eau-de-vie et le vin blanc. Fermer et laisser macérer pendant 2 mois environ.

Filtrer le jus. Ajouter le sucre. Laisser reposer quelques jours en remuant pour dissoudre le sucre.

Filtrer à nouveau avant de mettre en carafe.

Grog

- 1 dl d'eau
- 3 cuil. à soupe de rhum ou d'eau-de-vie
- 2 morceaux de sucre
- 1 rondelle de citron

Dans un mazagran, verser de l'eau bouillante sur le sucre. Ajouter l'alcool et la rondelle de citron. Boire bien chaud.

Variante : on peut remplacer l'eau par une tisane : tilleul, menthe…

Riquiqui

- autant de raisins qu'il faut pour 2 l de jus
- 1 l de marc

Extraire le jus des raisins, noirs ou blancs, et le mélanger au marc. Laisser reposer 6 semaines dans un pot en grès, puis mettre en bouteilles.

Apéritif à l'orange

- 1 l de vin blanc
- l'écorce de 3 oranges non traitées
- 1 cuil. à café de chicorée
- 1 verre d'eau-de-vie ou d'alcool à 90°
- 30 morceaux de sucre

Mettre le tout à macérer durant 3 jours en remuant de temps en temps.
Filtrer dans un linge, puis mettre en bouteilles.

Petit chêne

- 1 verre de feuilles de petit chêne
- marc
- 30 morceaux de sucre par litre de jus

Faire macérer les feuilles de petit chêne dans le marc, dans un bocal hermétique durant 5 jours. Passer le jus. Dans une casserole, mettre le petit chêne, le recouvrir d'eau et mettre à bouillir. Passer et ajouter le sucre. Faire un sirop. Laisser refroidir et mélanger au marc. Ajouter un verre du jus obtenu par litre de vin.

Liqueur de Framboises

- 1 bocal de framboises fraîches
- 1 l de vin blanc moelleux à 11°
- 800 g de sucre
- 1 verre à porto d'alcool à fruit ou de marc

Mettre à macérer les framboises dans le vin blanc, au frais durant 20 jours.
Filtrer le jus récupéré, ajouter le sucre et porter à ébullition durant 15 minutes. Retirer du feu et laisser refroidir.
Ajouter l'alcool ou le marc et mettre en bouteilles.

Pour une plus longue conservation, on peut mettre de l'alcool à 90° au lieu de l'alcool à fruit ou du marc.

Index des recettes

Dans la même collection

Cahier n° 1 : Mes recettes normandes
Cahier n° 2 : Mes recettes provençales
Cahier n° 3 : Mes recettes bretonnes
Cahier n° 4 : Mes recettes auvergnates
Cahier n° 5 : Mes recettes du Languedoc et des Cévennes
Cahier n° 6 : Mes recettes charentaises
Cahier n° 7 : Mes recettes angevines
Cahier n° 8 : Mes recettes savoyardes
Cahier n° 9 : Mes recettes du Dauphiné et de la Drôme
Cahier n° 10 : Nos recettes limousines
Cahier n° 11 : Mes recettes berrichonnes
Cahier n° 12 : Mes recettes picardes
Cahier n° 13 : Mes recettes du Sud-Ouest
Cahier n° 14 : Mes recettes du Quercy et du Rouergue
Cahier n° 15 : Mes recettes alsaciennes
Cahier n° 16 : Mes recettes lorraines
Cahier n° 17 : Mes recettes corses
Cahier n° 18 : Mes recettes vendéennes
Cahier n° 19 : Mes recettes comtoises
Cahier n° 20 : Mes recettes du Lyonnais et du Beaujolais
Cahier n° 21 : Nos recettes de la Touraine et de l'Orléanais

Cahier n° 22 : Mes recettes bourguignonnes
Cahier n° 23 : Mes recettes du Nord
et du Pas-de-Calais
Cahier n° 24 : Mes recettes champenoises
Cahier n° 25 : Mes recettes de la Sarthe
et de la Mayenne
Cahier n° 26 : Mes recettes pyrénéennes
Cahier n° 27 : Mes recettes poitevines
Cahier n° 28 : Mes recettes du Pays basque
Cahier n° 29 : Mes recettes des vallées
du Tarn et de la Garonne
Cahier n° 30 : Mes recettes ardennaises
Cahier n° 31 : Mes recettes niçoises

Recipes from Perigord. Les recettes de ma grand-mère

Cahier I : Mes conserves maison
Cahier II : Mes confitures maison
Cahier III : Mes boissons maison
Cahier IV : Mes soupes maison
Cahier V : Mes recettes maison à faire la veille
Cahier VI : Mes recettes maison pour accommoder
les restes

Table des matières

Maquette : Audrey Cormeray

Achevé d'imprimer par Corlet, Imprimeur, S.A. - 14110 Condé-sur-Noireau
N° d'Imprimeur : 121794 - Dépôt légal : juin 2009 - *Imprimé en France*